AF316217

BERCY

SON HISTOIRE, SON COMMERCE

PAR

Alfred SABATIER (de Bercy)

OFFICIER D'ACADÉMIE

Délégué cantonal pour l'Instruction primaire, etc., etc.

AVEC UNE PRÉFACE

PAR

LOUFT

ET UNE NOTICE BIOGRAPHIQUE

PAR

ÉMILE DE LA BÉDOLLIÈRE

PARIS

CHEZ GAYET, LIBRAIRE

133, RUE MONTMARTRE, 133

—

1875

PRÉFACE

Quand Bercy fut menacé de perdre son individualité par l'annexion, un de ses enfants, M. Alfred Sabatier, conçut l'heureuse idée d'en faire ce que j'appellerai volontiers le bilan historique : c'est alors qu'apparut son intéressante brochure intitulée : *Mes Adieux à Bercy*.

Depuis lors, quoique lancé dans les affaires, le jeune négociant est resté écrivain à ses heures et il a publié dans divers journaux, notamment dans *l'Écho agricole*, de nombreux articles ayant trait soit à la question de l'Entrepôt depuis si longtemps promis, soit aux anciens souvenirs de son pays bien-aimé ; aussi notre regretté Auguste Luchet disait-il de son ami Sabatier, que c'était *l'historien de Bercy*.

Mais ainsi morcelés, publiés à d'inégaux intervalles, il en était à peu près de ces précieux documents comme des oracles de Cumes, que la Sibylle écrivait sur des feuilles d'arbres et qu'elle lançait au gré des vents ; ils étaient éparpillés un peu partout.

Sollicité par un grand nombre de ses lecteurs, M. Sabatier vient d'obvier à cet inconvénient ; il a réuni, coordonné tout ce qu'il a publié sur Bercy, et c'est ce qui constitue la matière du présent volume.

Ce livre, fait à un double point de vue, réunit l'agréable à l'utile : aussi le négociant, l'historien, voire le simple amateur, aimeront à le consulter.

Dans toutes les questions économiques, celles qui concernent l'aménagement des liquides, l'opportunité de telle ou telle mesure, les modifications de tel ou tel projet, l'auteur a fait preuve d'une grande expérience pratique.

Sous le rapport historique, son travail est d'autant plus intéressant qu'il n'a pas de similaire ; c'est la seule chronique que nous ayons sur cette localité. Aussi, quelles que soient les transformations qu'on lui fasse subir désormais, le Bercy d'avant l'annexion, ce Bercy si bruyant, avec ses cafés, ses restaurants, ses parcs, ses châteaux, le vrai Bercy enfin, survivra quand même, grâce à l'œuvre attrayante de M. Sabatier.

15 mai 1875.

LOUFT.

UNE BIOGRAPHIE

Permettez-moi, chers lecteurs, de vous présenter mon cousin et ami Alfred Sabatier, celui que notre bien regretté camarade Auguste Luchet avait surnommé *l'historien de Bercy*.

Mais, me direz-vous, sans doute, Sabatier n'a nullement besoin de présentation ; nous le connaissons depuis longtemps comme négociant, comme lettré, comme participant à toutes les œuvres de bienfaisance, comme habile à discuter les questions économiques. Nous savons qu'il n'aborde une question qu'après y avoir mûrement réfléchi. Son livre d'ailleurs ne parle-t-il pas pour lui ?

Eh bien ! je réponds : — Non ! vous ne le connaissez pas. Pour étudier cette vie si occupée, si bien remplie, il faut entrer dans les détails ; il faut avoir suivi Sabatier dans le cours de sa carrière, bien savoir quels sont ses titres à la reconnaissance de ses compatriotes, et les services qu'il a rendus.

J'étais bien jeune alors, mais j'ai vu son père venir de Montpellier à Paris, puis à Bercy, où il s'établit négociant en vins, et ce fut là, au *Petit-Château*, que mon cousin naquit le 26 juillet 1829.

A neuf ans, il perdait son père ; sa mère lui restait, heureusement ! Le 2 mars 1839, le jeune Alfred faisait ses adieux au Petit-Château de Bercy, au père Gervoise, son maître d'école, et partait pour Versailles, où il passa sept années au collége. — Il en sortit avec une forte provision de latin, de grec, d'anglais ; Homère, Anacréon, Horace, Virgile lui étaient familiers non moins que Shakespeare et Molière. — Aussi se destinait-il à l'Ecole normale ; mais M. Pellou, l'un des plus honorables négociants de Bercy, qui avait conservé le meilleur souvenir de M. Sabatier père, donna le conseil au jeune étudiant de renoncer à ses projets et d'entrer dans le commerce.

— Venez chez moi, ajouta-t-il, et vous ferez connaissance avec le *Doit* et l'*Avoir*.

Tout en se promettant de consacrer ses loisirs à la littérature, à la philologie et à l'érudition, Alfred entra dans la maison Pellou.

C'était au mois de janvier 1847. Il y passa douze années en compagnie d'un ami d'enfance, Charles Ligneau ; et, en 1858, les deux collègues s'établirent, sous les auspices de M. Pellou, commissionnaires en vins et spiritueux à Bercy.

Depuis lors, la maison Ligneau et Sabatier a prospéré, et elle compte parmi les notables de la place de Bercy ; mais, tout en s'occupant activement des affaires de sa maison, notre ami ne négligeait en rien les intérêts de ses concitoyens. Dès l'âge de trente ans, il exerçait gratuitement plusieurs fonctions humanitaires et philanthropiques.

Le 28 janvier 1860, il est appelé à celles d'administrateur de la Caisse d'épargne, et, le 20 février, par arrêté du Ministre de l'intérieur, sur la proposition du

Préfet de la Seine, il fait partie de la Commission de tutelle présidée par le maire du 12ᵉ arrondissement : commission chargée de surveiller les orphelins adoptés par l'État, à la suite des fatales journées de mai et de juin 1848.

Et Sabatier, avec son zèle accoutumé, gère les affaires des innocentes victimes de nos discordes civiles.

La même année, il publie ses *Adieux à Bercy,* qu'il signe de son nom. Jusqu'alors il avait semé aux vents de spirituelles boutades ou des articles d'économie politique, sous les pseudonymes de Léopold, Maxime ou Frédo.

Frédo ! c'était le nom sous lequel il avait fait paraître *l'Egoïsme,* excellent plaidoyer qu'il aurait pu intituler : *De l'Indifférence* en matière d'humanité.

C'était sous ce nom qu'il avait lancé l'amusante symposiaque d'*Un déjeuner au Rocher de Cancale.* Il avait écrit dans plusieurs journaux, notamment dans *l'Écho agricole* et dans le *Moniteur vinicole,* où il signait *Maxime* ou *A. S.*, mais il n'hésita pas à mettre son nom en tête d'une biographie de Metzger *le Sauveteur* et d'un pittoresque récit d'*Une excursion à Houlbec-Cocherel,* ce coin charmant du département de l'Eure.

Il signa de même les *Adieux à Bercy,* travail qui, sous une forme agréable et facile, suit la petite commune, actuellement démembrée, dans toutes ses transformations.

En 1861, Sabatier assume une nouvelle tâche. Par arrêté préfectoral du 3 mai, il est appelé au sein de la délégation cantonale pour l'inspection des établissements scolaires du 12ᵉ arrondissement ; et, à partir de cette époque, il assiste régulièrement aux examens et aux distributions de prix des écoles communales. On le trouve tantôt haranguant et couronnant les jeunes filles de la rue Ruty ; tantôt chez les frères de la rue de Reuilly, ou chez les sœurs du passage Corbes. Le soir, il visite les cours d'adultes et ceux qui ont été institués au profit des apprentis de nos fabriques.

Deux fois par an, il fait partie du comité chargé de l'examen des candidats qui concourent pour obtenir des livrets de caisse d'épargne et des certificats d'étude. Puis, parmi les jeunes gens des écoles soumises à sa surveillance, il recrute, en 1869, des adeptes de l'art musical, et coopère à la fondation de l'*Orphéon de Bercy*, dont il est resté président d'honneur.

Sabatier, par arrêté ministériel du 20 juillet 1863, avait été nommé membre de la Commission supérieure de l'Orphelinat du Prince Impérial. Cette institution est en liquidation du 4 septembre 1870, sous la direction de M. Durangel, conseiller d'Etat, directeur général au ministère de l'intérieur ; mais Sabatier, toujours sur la brèche quand il s'agit de faire du bien, ne continue pas moins à inspecter les orphelins du 12ᵉ arrondissement, soit au domicile des parents adoptifs, soit à l'école, soit chez les patrons. Tous les trois mois, il adresse au ministre de l'intérieur des rapports détaillés. Qu'importe à Sabatier que les administrations changent ou se modifient? La bienfaisance est en dehors de la politique.

Aussi, chaque année, lorsqu'on quête à domicile pour les indigents, c'est notre ami qui est le chaleureux interprète de leurs besoins et de leurs souffrances.

Malgré tous les devoirs qu'il s'impose, il ne perd pas de vue la profession qu'il a embrassée et il y conserve son rang. En 1872, s'est reconstituée la Chambre syndicale du commerce en gros des vins et spiritueux du département de la Seine. Sabatier y a été élu, et, dès la première réunion, il a été nommé secrétaire de la Chambre.

Voilà l'homme ! voilà celui qui, sans avoir jamais sollicité de récompenses honorifiques, a reçu, par arrêté ministériel, en date du 5 septembre 1874, le grade d'officier d'Académie !

A plusieurs reprises, il a été question de le décorer. Pourquoi pas ?

ÉMILE DE LA BÉDOLLIÈRE.

20 mai 1875.

BERCY

SON HISTOIRE, SON COMMERCE

I

But de ces chroniques. — La question de l'entrepôt réel. — Sceaux et Poissy. — La viande et le vin. — La Halle aux vins. — Les manquants. — Bercy régénéré.

Nous ne pouvons mieux consacrer notre première chronique de Bercy, qu'en rassurant certains négociants en vins qui se préoccupent aujourd'hui du sort que leur réserve l'administration pour la fin de 1869, époque à laquelle, aux termes de la loi sur l'annexion, doit cesser la faculté d'entrepôt à domicile.

Nos renseignements, puisés à bonne source, ne sauraient être réfutés, d'ailleurs, et nous n'hésitons pas à les fournir à nos lecteurs.

Il y a environ quatre ans, la ville, après avoir traité avec la Société civile (anciens terrains de feu le baron Louis), pour la totalité de ses propriétés, qui s'étendent du n° 12, quai de Bercy, jusqu'au n° 29 (environ 13 hectares) a acheté, depuis, à l'amiable, des propriétés très-importantes, notamment celles de MM. Gallois frères, Aguado, Durnerin, entrepôt Cabanis, etc., etc., en vue de l'établissement d'un entrepôt réel, à Bercy même, après l'expiration du permis décennal (31 décembre 1869).

Une commission, nommée par l'administration, s'occupe spécialement de l'exécution de ce plan, et les adhésions locales, ajouterons-nous, arrivent de toutes parts à ce projet énorme.

On sait que, au moment de l'annexion, une sociéte importante s'était formée à l'effet d'exploiter en celliers et magasins certaine partie des terrains où verdoyait naguère le parc quasi-royal planté par Lenôtre pour les Malon, les Nointel et les Nicolaï.

Ce projet avait un inconvénient grave : il refoulait le marché à 250 mètres des fortifications, zone inexorable qu'impose le génie aux villes de guerre.

C'était loin, Bercy étant déjà loin.

En outre, le point de dépôt et de vente des vins cessait d'être en rapport aussi prochain avec ceux de leur arrivée, qui sont, pour les deux tiers au moins, les gares des chemins de fer de Lyon et d'Orléans.

Mais aujourd'hui la question de Bercy s'est modifiée. Il y a, dans l'ancien parc de Bercy (commune de Charenton), des magasins généraux, — ce qui ne constitue pas, comme Bercy, une place de commerce : qui dit *magasins généraux* ne dit pas *entrepôt*.

Un marché, ce nous semble, doit toujours être institué et placé au plus près des besoins du consommateur et des facilités de l'intermédiaire. C'est pourquoi, par exemple, Sceaux et Poissy (1), ces parcs lointains de la boucherie, émigrent à la Villette. Poissy, du moins, n'aura plus la même importance, quoique non exproprié, puisqu'il appartient au département de Seine-et-Oise.

La raison qui fait rapprocher la viande, ne saurait vouloir éloigner le vin ! Or, de toutes les denrées qui concourent à la nourriture, le vin est, sans contredit, la

(1) Sceaux a conservé sa position ; mais aujourd'hui le marché de Poissy a complétement disparu.

plus multiple. Donc, il est indispensable que celui qui la cherche avec conscience la trouve de suite et le plus possible à choisir sur le même point. Jamais un seul marchand, si puissant et si riche qu'on le suppose, ne possédera en suffisante abondance les innombrables variétés qu'elle comporte. Mais réunis là, comme à Bercy, en un vieux et patriarcal voisinage, tous y parviennent, offrant de plus à l'acheteur concurrence, bons procédés, facilités et crédit.

Ils ont pour lui des guides qui savent catégoriquement leurs espèces et leurs ressources : les courtiers, gens honnêtes et sûrs en majorité. Bercy est ainsi, — depuis soixante-dix ans, — la ville aux vins de Paris, de même que le quartier du Sentier et celui des Bourdonnais sont ses villes aux tissus, et personne ne s'en est plaint.

Nous ne parlons pas de l'entrepôt du quai Saint-Bernard, dit vulgairement halle aux vins. Cet établissement splendide, qui a coûté si cher (environ 30 millions de francs), n'a jamais été au fond que l'annexe parisienne de Bercy.

Il pouvait, quand on l'a construit sous le premier Empire (décret du 30 mars 1808), suffire aux besoins de la population ; il ne le peut plus aujourd'hui que cette population a doublé.

On estime que la ville, en le reprenant et le vendant pour concentrer le commerce en gros des vins et spiritueux à Bercy, — où l'emplacement est suffisant à partir du pont de Bercy jusqu'à la rue Nicolaï, — tirerait 12 millions au moins des terrains qu'il occupe : les abords du Jardin des plantes et du nouveau quartier Saint-Victor y gagneraient beaucoup, évidemment.

Bercy fait entrepôt, toute fraude tombe. Elle ressort du mécanisme même de l'exercice à domicile (loi du 28 avril 1816.) Les manquants alloués — tout imposé à l'exercice sait ce que c'est qu'un *manquant* (1) — servent à la

____

(1) *Coulage* ou *consume*, pour les vins logés en fûts qui séjournent en magasin un certain laps de temps.

transaction honteuse que voici : un négociant qui n'a pas absorbé les siens en prête le bénéfice à faire entrer pour rien la marchandise de son confrère ; ou bien encore le même acquit sert à l'accompagnement de deux ou trois voitures, le conducteur espérant que, par chance, les commis ne le lui demanderont qu'une fois.

Les maisons qui se respectent repoussent de telles spéculations ; mais il y a tant et partout de maisons qui ne se respectent pas !...

En même temps que se centraliseront et s'organiseront les éléments matériels du commerce, qui empêchera les honnêtes gens d'en organiser et centraliser les éléments moraux ? Bercy a, pour quelques-uns, une réputation qu'il s'agit de lui faire perdre. Qui dit vin de Bercy, cuvée de Bercy, a pour traducteur une médisance antique ; qu'elle soit exagérée, c'est possible ; cependant, il n'est guère de fumée sans... *cuisine*.

L'agglomération des négociants rendra l'honneur à la marchandise. Le bon exemple est contagieux comme le mauvais : seulement il le faut voisin et immédiat.

Autrefois Bercy était le siége d'une commission représentative ; cette commission, on ne sait pourquoi, a fusionné avec celle de l'entrepôt du quai Saint-Bernard, et fonctionne aujourd'hui dans l'île Saint-Louis : ramenons-la à Bercy. Ayons une chambre syndicale et un cercle ; provoquons, par l'union, la surveillance réciproque. Écartons les parasites ; chassons les frelons.

Alors Bercy régénéré sera vraiment un marché illustre et digne d'envie, et les autres commerces, noblement excités, se modèleront sur le sien.

19 août 1868.

Bercy entrepôt unique. — La Grève, l'Etape et la Halle aux vins. — Etymologie du mot Etape. — Coup d'œil topographique.

Le lecteur a pu voir, dans notre première chronique, que l'avenir de *Bercy-entrepôt* était assuré, grâce à l'intervention bienveillante de l'administration municipale qui, d'accord avec les bonnes intentions du gouvernement, — toujours jaloux de sauvegarder les intérêts du commerce et de l'industrie, — s'occupe aujourd'hui d'organiser un mode de démolitions et de reconstructions ne pouvant en aucune façon entraver les opérations commerciales de cet important marché.

En effet, assis aux bords de la Seine, à proximité des chemins de fer de Lyon, d'Orléans et de Ceinture, Bercy offre tous les avantages désirables aux vendeurs et aux acheteurs, et l'on a parfaitement compris qu'il était impossible de déplacer un commerce aussi étendu, connu de l'Europe entière, qui compte près de soixante-dix années d'existence. Depuis 1804, il a rapidement envahi tous les terrains situés entre le port, la rue de Bercy et la rue Nicolaï (autrefois rue Grange-aux-Merciers).

Cet espace de 43 hectares est à présent entièrement couvert de magasins, de caves et de maisons spécialement affectées au commerce des vins.

Beaucoup d'autres magasins sont établis sur la droite de la rue de Bercy, au nord et à l'est de la rue Nicolaï, sur le boulevard de Bercy et dans la rue de Charenton.

Le terrain où se sont successivement élevés ces magasins peut être évalué à 9 hectares, ce qui porte à 52 hectares la superficie de l'emplacement occupé par le commerce des vins.

On a calculé que, Bercy démoli et reconstruit sous forme d'*entrepôt réel,* il y aurait un emplacement suffisant pour contenir le commerce de l'entrepôt du quai Saint-Bernard et celui des communes annexées : *la Villette, la Chapelle, Batignolles, Montrouge,* etc.

Donc, nous faisons des vœux pour que, dans un temps assez rapproché, Bercy soit converti en un seul entrepôt, pour les liquides, comme on a procédé pour les autres marchés, qui ont chacun leur spécialité.

La suppression de l'entrepôt du quai Saint-Bernard, — qui ne se trouve plus en harmonie avec les embellissements de la capitale, notamment avec ceux du quartier du boulevard Saint-Germain, — pourrait être faite au profit de l'agrandissement du Jardin des plantes et de l'ouverture des voies aboutissant aux quartiers Saint-Victor, des Écoles et du Panthéon.

Interrogeons le passé, et apprenons de lui de quelle manière se faisait le commerce des vins avant que Bercy ne devînt entrepôt.

On distinguait autrefois, à Paris, trois sortes de vins, selon les différents vignobles de leur cru, et chaque sorte avait son port séparé. Ces trois ports étaient la *Grève,* l'*Etape,* la *Halle aux vins.*

La *Grève* était divisée en deux parties : l'une pour le vin de Bourgogne, l'autre pour le vin français.

Les vins de la rivière de Loire étaient garés proche le lieu où étaient les moulins du Temple, vis-à-vis de la rue des Barres.

Ces distinctions de ports, selon les différents vins, n'étaient pas seulement établies pour que les acheteurs ne fussent pas trompés dans le choix qu'ils désiraient faire par rapport à la qualité, mais encore et principalement par rapport à la quantité.

Chacun de ces climats avait sa jauge particulière, plus ou moins forte, dont les acheteurs devaient être exactement informés pour y proportionner leur prix, ce qu'ils n'auraient pu faire si les tonneaux de diverses provinces avaient été mêlés.

Mais plus tard il fut ordonné que tous les tonneaux de vin amenés à Paris seraient d'une même jauge; et il n'y eut plus de distinction de ports que pour la plus grande commodité du commerce.

Ainsi tous les vins, de quelque cru qu'ils fussent, pouvaient arriver également aux ports *Saint-Paul*, de la *Tournelle* et de *Saint-Nicolas*.

L'Étape était une place où anciennement se déchargeaient et s'exposaient en vente les vins amenés à Paris par terre. Elle était primitivement située aux halles; le vin s'y vendait en gros, de même que le blé et les autres vivres.

Par suite des accroissements de la ville de Paris, les halles étant devenues trop étroites pour contenir les provisions, chaque jour proportionnellement plus considérables qui y arrivaient des provinces, et le dessein ayant été formé de rassembler, ou du moins de rapprocher tout le commerce du vin en mêmes lieux, pour faciliter aux officiers l'exercice de leurs fonctions, le roi Charles VI, par ses lettres patentes du mois d'octobre 1413, transféra l'*Étape* des halles en place de Grève.

Les auteurs que j'ai consultés ont été fort partagés sur l'étymologie de ce mot *Étape*.

Les uns le dérivent du grec σταφίς, *uva passa*, raisin cuit ou foulé, ou simplement σταφύλη, grappe de raisin.

D'autres le tirent du latin *stabulum*, hôtellerie; quelques-uns prétendent qu'il vient du vieux mot latin *staplus*, lieu à découvert, où se tenaient les assemblées pour y traiter des affaires publiques et y administrer la justice. C'est, en effet, en ce sens-là qu'il est pris dans les ordonnances de nos premiers rois, qui le nomment aussi *hasta*.

Mais ceux qui nous semblent avoir le mieux rencontré lui donnent pour origine l'anglo-saxon *staple* ou l'allemand *Stapelen*, *Staple*, qui signifie, dans l'une et l'autre de ces langues, *marché* ou *foire publique*, et comme une espèce d'entrepôt, d'où l'on retire les marchandises pour les transporter et les débiter ailleurs.

Dans une prochaine chronique, nous parlerons de la *Halle au vin.*

Terminons aujourd'hui en disant que ce qui facilite les transactions commerciales à Bercy, c'est sa position topographique d'abord; ensuite, comme nous l'avons déjà dit, la proximité où il est des chemins de fer, et de la Seine, pour les arrivages par eau.

Lors de la création des chemins de fer d'Orléans et de Lyon, certains alarmistes de notre connaissance disaient bien haut à qui voulait les entendre : « Bercy perdra de sa valeur ; le commissionnaire recevra peu de marchandises; le vigneron amènera lui-même son vin à la vente; la clientèle ira faire ses acquisitions dans les vignobles, etc., etc. Et voilà-t-il pas que depuis, au contraire, les arrivages ont été plus fréquents et plus considérables, si bien que le commissionnaire, qui vendait vingt mille pièces par an, à l'époque où les arrivages s'effectuaient seulement par eau, en vend maintenant en moyenne dix mille de plus.

Ne nous arrêtons pas en si bon chemin, et puisse Bercy conserver son ancienne réputation !

16 septembre 1868.

III

Une lettre anonyme. — Examen du projet d'entrepôt réel
par le conseil municipal. — Point d'entrepôt à étage,
point de vin au grenier.

Un négociant de Bercy, qui désire conserver l'anonyme,
nous adresse, à propos de notre dernière *Chronique de
Bercy*, la lettre suivante, que nous n'hésitons pas à publier,
en la faisant suivre toutefois d'une courte réponse :

« On me communique, monsieur le rédacteur, votre
numéro du 16 de ce mois, dans lequel, au sujet de la
question de l'entrepôt de Bercy, vous avez écrit un article
qui prouve combien vous vous intéressez à notre grand
commerce. Je n'en attendais pas moins d'une feuille
aussi sérieuse que la vôtre.....

» *Le rédacteur de la* Chronique de Bercy *nous dit que
l'administration municipale, d'accord avec les bonnes intentions du gouvernement, toujours jaloux de sauvegarder les
intérêts du commerce et de l'industrie, s'occupe aujourd'hui
d'organiser un mode de démolitions et de reconstructions ne
pouvant, en aucune façon, entraver les opérations commerciales de cet important marché.*

» Sans doute, les négociants de Bercy connaissent les
bonnes intentions de l'administration municipale; ils savent que la ville (et vous êtes bien renseigné) a acheté
environ les trois quarts de la contenance de *Bercy-Entrepôt*
pour, à l'expiration du permis décennal d'entrepôt à domicile, convertir le Bercy actuel en un vaste entrepôt réel;
mais, à l'heure qu'il est, nous ne sommes pas renseignés
sur les moyens d'exécution.

1.

» Notre commerce, qui est représenté par une commission spéciale, pourrait être convoqué par celle-ci à
l'effet de prendre telle mesure qu'il conviendrait de
prendre en vue d'obtenir pleine et entière satisfaction à
l'endroit de nos intérêts, car on se garde bien de nous
parler *officiellement*.

»Les uns, si nous les interrogeons, nous répondent
tout bas : « On s'occupe de vous ; il y a un plan magnifi-
» que dressé par un architecte de la ville, plan qui con-
» siste à établir, sur toute la surface de Bercy, un entrepôt
» réel, de plain-pied, qui offrira aux négociants tous les
» avantages désirables, tant au point de vue de leurs opé-
» rations commerciales qu'au point de vue de l'abri et de
» la conservation de leurs marchandises. » Mais pourquoi
d'autres viennent-ils nous dire : « La ville, pour écono-
» miser le terrain, propose un projet d'entrepôt *à étage*. »
De sorte que des fûts jaugeant 500 litres, 650 litres, 1,000
litres et quelquefois plus, seraient logés qui au rez-de-
chaussée, qui au premier étage, comme s'il s'agissait
d'empiler des fagots de bois dans un chantier, jusqu'à
la hauteur d'un septième étage... et plus !

» Enfin quelques-uns, moins éloquents, disent tout
simplement : « Bercy peut être converti en entrepôt réel,
» sans qu'il soit besoin de recourir à une démolition gé-
» nérale. Est-ce que les limites naturelles n'existent pas?
» Des bureaux de perception ne pourraient-ils pas être
» établis, pour l'acquit des droits, à chaque issue de Bercy:
» *ancienne barrière de Bercy, pont de Bercy,* entre autres?...».
» Vous le voyez, monsieur le rédacteur,

Ce ne sont que projets. . . . .

Seuls, nos mandataires sont à même de nous renseigner
d'une manière précise, d'autant mieux qu'ils ont à leur
tête un membre du conseil municipal, faisant partie lui-
même d'une sous-commission qui fonctionne à l'hôtel
de ville, avec le titre de *commission de l'entrepôt de Bercy.*

» En un mot, nous touchons au délai fatal, et nous ne savons pas encore comment nous serons logés à partir du 1er janvier 1870. Aussi, monsieur, puisque vous prenez fait et cause pour notre commerce, j'ai cru devoir vous adresser cette lettre, avec l'espoir qu'elle sera accueillie favorablement, et qu'il résultera de son insertion dans vos colonnes quelques bonnes nouvelles... que nous attendons depuis déjà longtemps.

» Agréez, etc. »

Nous ne sommes pas, certes, dans le secret des dieux, et il nous serait bien difficile d'être plus explicite que nous ne l'avons été dans nos précédents articles.

La ville a acheté à l'amiable des terrains et des propriétés à Bercy, en assez grande quantité, en vue de l'établissement d'un *entrepôt réel*, en 1870 ; c'est entendu. — Une commission, prise au sein du conseil municipal, s'occupe de la réalisation de ce vaste projet ; c'est encore entendu.

Le simple bon sens nous dit que les honorables membres du conseil municipal ont dû se mettre, dès l'abord, en rapport direct avec la commission représentative du commerce en gros des liquides de la place de Paris, laquelle est composée de négociants sérieux, capables, intelligents, possédant les éléments nécessaires pour fournir à la commission municipale tous les renseignements utiles à la réussite de son œuvre, à la satisfaction générale d'un commerce aussi important que celui des liquides.

Les projets de construction, nous n'en doutons pas, doivent abonder ; mais nous sommes persuadé que celui qui aurait pour but d'établir un *entrepôt à étage*, si réellement il en est question, — ce que nous ne pouvons croire, — sera plus vite abandonné qu'il n'a été conçu, attendu qu'il est tout simplement absurde et qu'il serait la ruine du commerce de Bercy.

Mettre du vin au grenier ! Allons, allons ! cela n'est pas sérieux, et notre correspondant peut se rassurer.

23 septembre 1868

IV

Décrets de 1789. — Le premier marché de vins du monde. — La Rapée, Bercy, la Grand'Pinte. — La maison de Cartouche.

La création de l'ancienne commune de Bercy remonte à 1789 (décrets des 19-23 octobre).

Le décret sur l'extension des limites de Paris a compris Bercy dans le XIIe arrondissement, lequel est administré par l'un de nos plus honorables négociants en vins, M. Dupérié-Pellou.

Au moment de l'annexion, la population de Bercy était de 15,000 habitants. Sous le règne de Louis VI, dit *le Gros* (1108-1137), son territoire était renommé pour sa fertilité en grains.

Aujourd'hui il y *pousse* du vin en *abondance* (?). Plaignez-vous, ô Parisiens !...

C'est depuis environ un siècle seulement que, de plantureuse campagne qu'il était autrefois, Bercy est devenu peu à peu le vaste entrepôt que nous connaissons, et dont le stock représente plus de deux millions d'hectolitres de vin.

Destiné à l'approvisionnement de Paris et des localités suburbaines, cet entrepôt s'est successivement accru dans la proportion des développements qu'a pris la capitale.

Bercy est, sans contredit, le premier marché de vins du monde.

Voyez comme il est solidement assis sur la rive de la Seine, large et profonde devant lui, en amont de la ville, comme s'il allait au-devant des eaux du fleuve qui lui amènent les richesses des contrées qu'il arrose !

N'est-ce point pour lui que le chemin de fer de Lyon, auquel il s'adosse, traverse toute la Bourgogne, descend la vallée du Rhône, touche la mer, plonge par son embranchement de Tarascon dans le pays des Etangs, le Languedoc, le Roussillon, passe en sifflant au pied de ces milliers de coteaux, criant qu'on lui apporte les vins que l'été y fait mûrir ?

N'est-ce point encore pour Bercy que le chemin de fer d'Orléans, dont les chantiers s'étendent en face, de l'autre côté de la Seine, va faire sa riche récolte à travers l'Orléanais, les contrées du Cher et de la Loire, les Charentes, pays des grandes eaux-de-vie, et les crus sans rivaux du Bordelais ?

Un marché de cette importance ne peut être ni supprimé, ni déplacé, parce qu'il existe par sa position même, qui, évidemment, est immuable.

Que les négociants en vins se rassurent donc : ils continueront à exercer librement leur commerce à l'expiration du permis décennal (31 décembre 1869) ; et si, dès le 1er janvier 1870, ils ne sont plus soumis à l'exercice à domicile, en vertu de la loi du 28 avril 1816, les marchands en gros se trouveront installés, — ce qui n'en sera que plus commode pour leurs opérations commerciales, — en entrepôt réel, sans qu'il soit besoin de recourir à la démolition des magasins existants.

L'administration municipale, nous le répétons encore, s'occupe sérieusement de la réalisation de ce vaste projet.

Au début, il se forma dans la commune trois groupes de population bien distincts : *la Rapée, Bercy* et *la Grand'Pinte.*

La Rapée doit son nom à une maison de plaisance bâtie par un commissaire des guerres de ce nom, sous le règne de Louis XV. Cette propriété était sise sur l'emplacement actuel du magasin à fourrages appartenant au ministère de la guerre, et s'étendait, par son parc, jusqu'au nº 10 du port de Bercy et jusqu'au nº 20 de la rue de ce nom.

En 1787, les mariniers de la Rapée, réunis à ceux de Bercy, donnèrent une joute sur l'eau, et le public y prit un vif plaisir. Constamment renouvelée depuis, au mois d'août de chaque année, cette joute a toujours le privilége d'intéresser les nombreux spectateurs qu'elle attire, — à la grande satisfaction aussi des limonadiers et restaurateurs du quai de Bercy !

.On arrive à *la Grand'Pinte*, en venant de la Bastille, par l'ancienne barrière de Charenton,—reportée depuis l'annexion au mur d'enceinte.

Vous voyez encore dans la rue de Charenton-Bercy, au coin de la rue Nicolaï, la maison d'un marchand de vin détaillant, qui porte pour enseigne une grande pinte : de là le nom de *Grand'Pinte* donné au voisinage.

La pinte, — chacun le sait, — était le litre de nos pères.

Cette maison appartenait, en 1720, à Cartouche, ce prototype du voleur-assassin.

Sur le derrière de la maison, existe une petite cour qui a été témoin de bien des crimes.

Penchez-vous sur la margelle du puits, et vous y apercevrez intérieurement, à la distance d'un mètre, une ouverture—maintenant interceptée par une barre de fer scellée dans la pierre, — qui pouvait alors livrer passage à un homme.

Cette ouverture était l'entrée d'une voie souterraine se perdant dans les marais. C'est là que se réfugiait Cartouche quand la maréchaussée envahissait son repaire.

Il avait fait acquisition de cette maison pour y mettre en sûreté le produit de ses brigandages et présider dans les grandes occasions le conseil de ses... complices.

Le 27 septembre 1720, Cartouche et plusieurs des membres de sa redoutable bande, — hommes et femmes, — réunis dans une salle basse, buvaient à une table, tandis que, à une autre table, causaient et trinquaient un sieur Mondelot, garçon tanneur, et quelques ouvriers de ses amis.

Un joueur de violon était entré par hasard dans la salle, et comme sa recette de la journée avait de quoi allécher les vide-goussets du quartier, et que la nuit était déjà avancée et fort sombre, il avait témoigné l'intention de se retirer.

Les *Cartouchiens* s'étaient opposés à sa sortie, soutenant qu'il était à leur service et qu'il devait continuer à jouer aussi longtemps qu'il leur plairait de le payer.

Mondelot et ses amis avaient pris fait et cause pour l'artiste ambulant, et une querelle s'en était suivie. Les ouvriers n'avaient d'autres armes que leurs poings : les *Cartouchiens* firent usage de leurs pistolets et de leurs poignards, et le pauvre garçon tanneur tomba mortellement frappé.

Les femmes, dans cette lutte inégale et sanglante, ne s'étaient pas montrées moins féroces que les hommes, et l'une d'entre elles, Marion Le Roy, *anguilleuse* de son métier, avait tiré deux coups de pistolet sur les archers, quand ceux-ci étaient accourus pour se saisir des assassins de Mondelot.

Grâce à son puits, Cartouche réussit cette fois encore à dépister les limiers de M. le lieutenant de police ; mais, malgré le nom de guerre et le déguisement dont il s'était affublé après sa fuite, il ne tarda pas à être reconnu et arrêté, un soir qu'il traversait la rue Guénégaud.

Peu de temps après, dirons-nous en terminant, à la suite d'un procès qui fait époque dans les annales du Châtelet, ce rusé et hardi brigand, l'effroi de Paris et de ses alentours, subit devant une foule immense, en place de Grève, le supplice de la roue dans toute son épouvantable horreur.

14 octobre 1868.

V

Les berges de Bercy. — Le Rocher. — Les Marronniers. —
Louis et Eugène Veuillot.

A peine a-t-on franchi l'ancienne barrière de la Rapée, qu'on aperçoit de tous côtés, sur un quai qui manque de largeur, de longues files de tonneaux symétriquement rangés sur les berges ou voiturés sur des haquets et autres véhicules.

Il faut avoir été témoin de l'animation qui règne en semaine sur ce quai pour pouvoir s'en faire une idée.

Ce ne sont que négociants, que courtiers, que commis, allant, venant, munis de leurs inséparables outils : tasse d'argent, petite pince et foret, occupés, ceux-ci à faire charger leurs liquides, ceux-là à les faire goûter aux clients qui, en leur qualité d'acheteurs, affectent de trouver *toujours* le prix de la marchandise trop élevé !

Dans la belle saison, vous voyez ces messieurs du commerce assis, dans un doux *farniente*, sous des tentes dressées vis-à-vis de leur entrepôt, deviser gaiement, en lançant *con amore* vers le ciel l'odorante fumée de leur *petit bordeaux* ou de leur *londrès*.

Si, dans ces réunions, la critique va bon train, nous vous le laissons à penser : quand les *affaires ne vont pas*, ne faut-il pas faire aller autre chose? C'est à qui, dans ces causeries assaisonnées de ce gros sel gaulois que goûtaient si fort nos pères, et qu'a prodigué à plaisir le joyeux curé de Meudon dans son impérissable épopée satirique, c'est à qui déploiera le plus de verve, dépensera le plus d'*esprit*.

Mais ils sont passés ces jours de fête, dont la bienfaisante nature, *alma parens*, nous gratifie chaque année dans son inépuisable munificence; ils sont passés, et n'ont guère plus duré que ce que durent les roses. Voilà déjà le triste hiver qui nous vient rendre visite, avec son humide et glaçant cortége de brouillard, de vent, de pluie et de neige; avec ses jours si courts, si froids, ses rudes et interminables soirées. Que faire alors pour tuer le temps, quand le baromètre des affaires est au calme plat?

Eh! parbleu, un classique cent de dominos, un ou deux mille de bezigue, comme un bon bourgeois du Marais; une silencieuse et savante partie de dames ou d'échecs; ou bien encore, si vous aimez la locomotion, quarante carambolages, plus ou moins, chez Philippe, l'aimable et avenant propriétaire du *Rocher de Cancale*.

Ah! chers lecteurs, n'oubliez pas le *Rocher*. Le *Rocher!* mais c'est la bourse de Bercy; c'est là que les affaires se traitent, que vous saurez s'il y a hausse ou baisse dans le Midi, si la récolte a été bonne ou mauvaise; et si, comme je n'en doute pas, vous tenez à être prestement et gracieusement servis, demandez Benoît, dit *Cabinet* (?), non moins connu à Bercy que ne l'était, au Palais-Royal, des habitués du café de Foy, puis du café de la Rotonde, ce stentor dont le formidable *boum! boum!* résonnait comme un coup de canon, — brave garçon, mort, il y a quelques années, à l'hôpital, d'une *extinction de voix*, et qui portait, — peu de personnes le savent peut-être, — un nom effroyablement historique, car il n'était rien moins que le petit-neveu du farouche Collot-d'Herbois, de notre première République, et l'un des Jupiters tonnants du sanglant Olympe de 1793.

Mais prenons au plus vite congé de cette ombre terrible.

Les *Marronniers* nous demandent audience, ne les faisons pas attendre. Qui de nos *anciens* n'a connu les *Marronniers* dans toute leur gloire? Déjà célèbre en 1789, ce restaurant n'avait, il y a vingt-cinq ans, rien perdu de sa réputation.

C'était, au temps de sa splendeur, le *Véry* et le *Véfour extra-muros* des belles *fourchettes* parisiennes, qu'au printemps, dans l'été, au commencement de l'automne, y attiraient chaque matin, tout à la fois le haut goût de sa cuisine, l'incontestable supériorité de ses matelottes, l'excellence de sa cave, et plus encore peut-être, l'attrayante perspective d'y déjeuner au grand air et sous le frais couvert des arbres magnifiques qui l'ombrageaient : mais ces arbres interceptaient la voie publique, gênaient la circulation des voitures, et l'autorité municipale se trouva dans la nécessité de les faire abattre.

Au numéro 22, sur le quai, il y avait une petite gargote portant pour enseigne : *Au Soleil d'or*. Sur le mur de cette boutique, nous nous souvenons d'avoir vu, il y a une trentaine d'années, une *peinture* (rien de *Rosa Bonheur*), représentant un lapin pendu, ce qui signifiait qu'à l'intérieur de la maison on accommodait la gibelotte. Cette guinguette était tenue par madame François Veuillot. Son mari, honnête ouvrier, travaillait, dans les magasins de vins, de son état de tonnelier.

Demandez aux voisins survivants de l'époque des renseignements sur cette ancienne maison reconstruite et remplacée depuis par un café, ils vous répondront que la *mère François*, — qui a laissé à Bercy un bon souvenir, — donna le jour à quatre enfants, deux garçons et deux filles : Louis, Eugène, Annette et Victoire.

— Louis et Eugène allaient à l'école mutuelle, chez le père Denelle, qui a fait d'excellents élèves... et de bien mauvais (tout le monde *ne va pas à Corinthe*, n'est-ce pas ?)

— Annette et Victoire allaient en classe chez mademoiselle Barthod, qui dirigeait en ce temps-là un petit externat dans la grande rue de Bercy.

De l'humble guinguette de sa brave femme de mère, M. Louis Veuillot s'élança d'abord dans l'étude de maître Petit, huissier à la barrière de la Rapée ; mais il ne tarda pas à *protester* contre le métier, demanda *vingt-cinq* jours à son patron pour chercher un autre emploi, et, ce délai expiré, il réussit à se caser, — en attendant des jours meilleurs, — dans les bureaux de je ne sais plus quel journal de province.

M. Louis Veuillot qui, comme vous devez bien le penser, n'était rien moins que *fort en thème*, résolut, avec une énergie qui l'honore, d'ailleurs, de se procurer par lui-même le bienfait de l'instruction qui avait manqué à sa jeunesse, et commença par se donner corps et âme au *ver rongeur*, étant bien loin de se douter alors de l'anathème que, au grand scandale de M. l'évêque d'Orléans, devait un jour fulminer dans l'*Univers* lui-même le terrible abbé Gaume contre tous les écrivains illustres de la Grèce et de Rome. Puis, quand il se jugea suffisamment *latinisé*, il s'efforça de s'assimiler, par de sérieuses lectures, le génie de quelques-uns de nos grands écrivains,—de veine gauloise surtout, —Rabelais, Montaigne, Mathurin Régnier, Pascal, Molière, Labruyère, Lafontaine ; il passa ensuite à l'étude des Pères de l'Église, et, ainsi équipé, il tailla sa plume et descendit fièremen dans l'arène de la publicité.

Il y rompit plusieurs lances sans que son nom acquît la moindre notoriété ; mais, si ses premiers ouvrages passèrent inaperçus, il n'en fut pas de même de son pamphlet contre les *Libres Penseurs*.

Ce livre, d'un jet vigoureux, d'une verve entraînante, d'une verdeur et d'une originalité de style indiscutables ; ce livre, écrit *ab irato*, classa de prime saut son auteur à un rang très-élevé et tout à fait à part parmi les écrivains de notre époque. Car M. Louis Veuillot, qu'on l'admire ou qu'on le haïsse, est une individualité des plus tranchées *au milieu d'une littérature accommodante où tout le monde se donne un baiser Lamourette.*

Quant à M. Eugène Veuillot, c'est lui faire, comme écrivain, la part assez belle encore que de dire, — pour nous servir d'une expression de Victor Hugo, — qu'il n'est que la *lune* de son frère.

18 novembre 1868.

VI

Questions indiscrètes. — Un communiqué à l'*Opinion nationale*.

L'*Opinion nationale* a publié, le 8 décembre, sous le titre de *Questions indiscrètes,* un article où le rédacteur reproche à l'administration de la ville de Paris d'avoir violé la loi en achetant à l'amiable divers terrains à Méry-sur-Oise et à *Bercy*, antérieurement à toute déclaration d'utilité publique.

Cet article a valu à l'*Opinion nationale* un *communiqué,* duquel nous détachons avec grand plaisir les lignes suivantes, parce qu'elles donnent complétement raison aux articles que nous avons publiés, à cette place, au sujet de la question de *Bercy-entrepôt.*

. . . .

« En ce qui concerne les acquisitions faites par la ville sur le territoire de Bercy, voici dans quel but elles ont été faites :

» La cessation de l'entrepôt fictif dont jouissent les négociants en vins de cette ancienne commune, aux termes de la loi du 16 juin 1859, leur causerait une gêne considérable, si la ville n'était pas alors en mesure de leur offrir un entrepôt réel autre que celui du quai Saint-Bernard, qui ne peut emmagasiner qu'une partie du stock du commerce des vins et eaux-de-vie.

» C'est en vue de cette éventualité que la ville s'est ménagé d'avance un certain nombre d'acquisitions amiables de terrain. L'expérience a révélé plusieurs fois quelle plus-value factice prenaient les immeubles compris dans les projets municipaux, lorsque ces projets étaient divulgués par l'accomplissement des longues formalités de la déclaration d'utilité publique et de l'expropriation, et combien sont préjudiciables aux finances municipales les renouvellements ou prolongations de baux que beaucoup de locataires obtiennent en prévision d'une expropriation probable, avant même qu'aucune formalité légale ait été commencée, et, par conséquent, à l'abri de toute contestation ultérieure de la sincérité de ces conventions.

» La ville, en agissant dans la plénitude de son droit, en faisant un acte que la plus vulgaire prudence lui indiquait, et qui n'engage pas plus que les acquisitions de Méry la décision de l'autorité supérieure, a conclu d'ailleurs, dans l'espèce, des marchés avantageux ; car elle retire provisoirement du loyer des propriétés qu'elle s'est assurées, à Bercy, une somme supérieure à l'intérêt du capital d'acquisition. L'*Opinion nationale* exprime le regret qu'en ne provoquant pas tout d'abord une déclaration d'utilité publique, l'administration enlève aux locataires le bénéfice des indemnités que leur garantit la jurisprudence, lorsque les acquisitions ont lieu après cette déclaration. Ne ferait-elle pas mieux de reconnaître que l'administration remplit son devoir lorsqu'elle cherche à défendre les finances de la ville contre les spéculations peu loyales de ceux qui n'achètent ou ne louent que pour se faire exproprier ?

» Une commission, composée de membres du conseil municipal, est chargée d'étudier le projet d'entrepôt dont il s'agit, et les intérêts du commerce des vins y sont intelligemment défendus par un des principaux négociants de Bercy. »

Le *communiqué* fait sans doute allusion à M. Dupérié-Pellou, maire du XIIᵉ arrondissement (dans lequel se trouve compris Bercy), et l'un de nos plus honorables et intelligents négociants du commerce en gros des vins de la place de Bercy. — N'importe, nous savons que l'administration municipale est très-dévouée à la cause de Bercy-entrepôt, dont l'avenir est assuré, qui continuera à exercer son commerce librement, sans entraves, comme ont l'habitude de procéder des hommes d'ordre soucieux de leurs propres intérêts et de ceux de leur famille.

Nos plus sincères félicitations à l'administration municipale, et nos meilleurs souhaits de *baisse* à messieurs les négociants de Bercy, car on nous dit qu'ils se maintiennent à la *hausse !*...

16 décembre 1868.

VII

Bercy il y a trente ans. — Le père Michelot. — Une aventure
de Lamartine.

Il s'en fallait de beaucoup que le port de Bercy présen-
tât, il y a trente ans, l'aspect sous lequel il s'offre actuellement à nos regards.

Les berges n'avaient aucune régularité, et les rares
maisons qu'on y voyait, basses et mal bâties, étaient de
véritables masures.

Non pavé, le port de Bercy était traversé par un petit
canal, qui prenait naissance à la Seine et allait se perdre à l'extrémité de la rue de Mâcon.

Les bateaux de la basse Bourgogne entraient dans ce
bassin, — bientôt supprimé comme inutile — et c'était là
qu'on procédait à leur déchargement.

Aujourd'hui, le port est, dans toute sa longueur, bordé
de maisons d'une grande valeur, et, quoi qu'en disent
certains habitants de la localité, la construction d'un
entrepôt réel, à Bercy même, n'entraînerait aucune-
ment la suppression des immeubles situés sur le
quai.

Au contraire, il est question d'y construire d'élégantes
maisons, en harmonie avec le site enchanteur des bords
de la Seine. Charles Nodier, où es-tu ?

Il est à l'extrémité de Bercy, au bord de la rue Nicolaï,
une porte cochère qui ferme une cour pavée, ombragée
par un grand noyer. Deux magasins étroits, profonds et
noirs, débouchent sur cette cour. A gauche, tout à l'intérieur, a été bâti une sorte de pavillon dont les murs,
jadis blanchis à la chaux, s'éraillent. Dans cette maison,
dans cette cour, dans ces magasins perdus, à l'ombre de

ce noyer, vit un homme d'environ soixante ans, aux cheveux gris et longs, à la figure sèche, aux yeux bleus abritant sous d'épais sourcils un regard intelligent, ferme et bon tout à la fois. Une honnêteté absolue, des idées simples, anciennes comme la terre natale, une grande puissance d'affection, de dévouement et de souvenirs : voilà ce qui apparaît le plus visiblement dans l'état moral de ce travailleur tranquille, jamais pressé, toujours occupé, qui tient pour le compte d'un marchand de Paris ces magasins bien remplis et bien aménagés de vins.

Ce solitaire est un vigneron de Lamartine. Sa famille demeure toujours sur les terres du grand poëte, aux flancs du coteau de Montceau. Il se nomme Michelot. Amené à Paris par les hasards de son existence, bien calme pourtant, il y est resté paysan et laboureur.

Quand il parle de Lamartine, *le grand oublié !* sa voix s'attendrit ; tout en s'élevant, ses yeux se mouillent de larmes, il les essuie du revers de sa large main gercée, et le poëte apparaît alors plus grand qu'on ne le rêve ; il se dégage de ces nuages dont certaines questions l'ont assombri pour de mauvais yeux ; on le voit tel qu'il est souverainement bon, les mains toujours ouvertes, par suite souvent vides, vaste par le génie...

Je veux rapporter ici une histoire bien simple, bien naïve, pleine d'un parfum du temps passé, l'une de ces histoires que la postérité ne saura jamais, car les actions qu'elles racontent n'ont pas été faites pour elle ; mais jamais nous ne saurons donner une idée de l'accent et du geste du père Michelot.

— Il y avait à Montceau une femme jeune encore, mère de plusieurs enfants tout petits, dont le mari mourut subitement. Quelques jours après l'enterrement, l'intendant de Lamartine fit comprendre à cette femme veuve qu'on ne pourrait pas la garder, puisqu'elle n'avait plus d'homme qui cultivât la terre et payât la redevance du propriétaire foncier.

La pauvresse pria et supplia en vain le *maître*, comme

disaient les paysans en parlant de l'intendant. Elle se souvint que Lamartine était en ce moment à Montceau, et elle s'en alla au château.

Le poëte se promenait dans le jardin.

— Qu'as-tu, Marie ? dit-il, en apercevant la veuve qui pleurait.

— Notre *mossieur*, notre maître me renvoie.

Et elle raconta son malheur.

— Il n'y a pas d'autre maître ici que moi, Marie, sache-le bien, dit Lamartine ; va chercher R... et reviens avec lui.

L'intendant arriva.

— Qui t'a permis de renvoyer mon enfant ? dit le poëte ; n'est-ce donc pas assez pour cette femme d'avoir perdu son mari, et faut-il que tu lui prennes encore sa maison ?

Une explication eut lieu entre eux. Quand elle fut finie :

— Retourne en paix chez toi, Marie, dit Lamartine, tu ne seras plus inquiétée. Loin de la congédier, R..., tu loueras pour elle un garçon honnête ; il labourera sa terre, soignera ses vignes, et c'est moi qui le payerai.

Tel est l'homme qui devait plus tard essuyer tant de revers, être en butte aux injustices des uns et des autres, mais dont le génie nous apparaîtra toujours comme un flambeau divin !

16 janvier 1869.

. VIII

Traité relatif à l'entrepôt réel. — Grands remaniements
projetés. — Commission municipale.

La question de Bercy-entrepôt continue à être à l'ordre du jour : il y a quelques jours, le *Moniteur vinicole*, par
la plume de M. Maurial, appelait l'attention de ses lecteurs
sur la situation de notre grand marché, et critiquait certaines mesures qui étaient à la veille d'être prises, en
vue de l'établissement d'un entrepôt réel.

Au moment où paraissait l'article du *Moniteur vinicole*, l'administration n'avait pas encore dit son dernier
mot ; mais, dans sa dernière séance du 5 de ce mois, le
conseil municipal a approuvé un traité entre la ville et
la Compagnie générale des entrepôts et des magasins
généraux (M. Moranvillé, directeur) pour la création
d'un entrepôt réel à Bercy même.

On sait que, depuis cinq ans, la ville n'a cessé de faire
des achats à l'amiable, dans la partie occupée par le
commerce de gros. Eh bien, les propriétés acquises par
la ville continueront à jouir, provisoirement, de l'entrepôt fictif.

Pour les marchandises logées en dehors des immeubles de la ville, lesquels seront privés de la faculté
d'entrepôt à domicile le 1ᵉʳ janvier 1870, aux termes
de la loi sur l'annexion, on construira des magasins
du côté droit de la rue de Nicolaï, en suite du *Pâté-
Páris*, jusqu'à l'axe de la rue de Bercy, en y comprenant
l'emplacement de la caserne du train des équipages, —
de même que du côté de la rue de Bercy, à droite en
descendant, — à partir de la rue de Nicolaï, sur les

propriétés appartenant au chemin de fer de Lyon et presque aux abords de la place de l'Eglise; le chemin de fer cédera ses marchés d'immeubles à la compagnie concessionnaire.

Ces nouveaux magasins seront surélevés, dit-on, d'un étage, qui se raccordera avec le niveau de la voie ferrée.

Maintenant, procédons par chiffres.

Les propriétés appartenant aujourd'hui à la ville, à Bercy, contiennent 525,000 hectolitres; celles pour lesquelles l'administration municipale n'a pu traiter, en raison des exigences des propriétaires, peuvent contenir 880,000 hectolitres.

Les magasins à construire (rue de Nicolaï et dans le haut de Bercy seulement), réunis aux caves louées par la ville au chemin de fer de Lyon, — à proximité du pont Napoléon, — pourront recevoir 500,000 hectolitres.

Il y aurait donc un boni de 120,000 hectolitres réservé aux marchandises se trouvant dans les communes annexées pour lesquelles la faculté d'entrepôt à domicile ne doit pas être maintenue à la fin de l'année.

En somme, la superficie de Bercy (entre la Seine et la rue de Bercy) est suffisante pour loger les vins de Bercy, des communes suburbaines et ceux de l'entrepôt du quai Saint-Bernard, lequel sera démoli dans l'avenir, comme nous l'avons déjà dit.

Tels sont les renseignements précis que nous sommes en mesure de fournir à nos lecteurs. Nous ne connaissons pas encore la teneur du traité où doit se trouver le tarif consenti par la ville au profit de la compagnie.

Nous reviendrons sur ce chapitre.

C'est surtout dans le but de procurer un logement, — dès le 1er janvier 1870, — aux marchandises se trouvant dans les entrepôts non achetés par la ville, que des magasins vont être construits rue de Nicolaï et rue de Bercy, augmentés qu'ils seront des caves louées au chemin de fer de Lyon pour une période de trois années.

Plus tard, un entrepôt général sera élevé sur tout l'emplacement occupé actuellement par le commerce.

Il sera limité par la Seine, le chemin de fer de Lyon, la rue de Nicolaï et le boulevard de Bercy.

Les maisons sises rue de Bercy disparaîtraient complétement avec l'église et la mairie.

Le quai de Bercy conserverait des maisons ; il serait surélevé pour l'établissement d'égouts et se trouverait ainsi à l'abri des inondations.

Il nous est impossible d'affirmer que tel ou tel plan sera adopté préférablement à tout autre, en ce qui concerne l'entrepôt général ; mais nous savons qu'une commission, prise au sein du conseil municipal, s'occupe de cette grande affaire.

Les intérêts de Bercy y sont défendus, ajouterons-nous, par le président de la commission représentative des vins en gros de la place de Paris, lequel appartient au commerce de Bercy ; et, s'il nous est permis de faire une critique loyale, sans passion, nous dirons qu'il eût été convenable d'entendre le commerce, dans une assemblée convoquée par la commission des vins. L'extrait du procès-verbal eût été publié, et les honorables membres du conseil municipal se fussent inspirés des idées émises par le commerce des vins ; mais il n'est jamais trop tard pour bien agir, et nous aimons à penser que le plan du futur entrepôt ne sera pas arrêté sans que, au préalable, il ait été soumis aux intéressés, c'est-à-dire aux négociants : on ne loge pas des fûts de vin comme on loge du fer, de la fonte, etc.

Il faut aussi que les constructions soient faites de telle façon que les négociants ne soient pas troublés dans les travaux de main-d'œuvre : gerbage, dégerbage, soutirage, entrées, sorties, etc. Il est indispensable que chacun ait un emplacement suffisant pour bureaux, couloirs, tonnellerie ; en un mot, qu'il n'y ait rien de changé au mode actuel.

Ce sont des détails qui ont leur importance, et nous sommes persuadé que pleine et entière satisfaction sera donnée aux négociants en vins.

13 février 1866.

IX

Lettre de M. Mallet. — Réfutation.

Nous recevons la lettre suivante :

A monsieur le rédacteur de l'*Echo agricole*,

On nous communique un article de votre honorable journal (13 février 1869) ayant pour titre : *Chronique de Bercy*, et signé A. Maxime.

Dans cet article, l'auteur traite la question du futur entrepôt de Bercy, et il y expose les moyens qui seront employés par le conseil municipal pour se conformer à la loi de 1859, qui supprime l'entrepôt à domicile à partir du 1er janvier 1870.

Nous espérons obtenir de votre bienveillance, monsieur le directeur, l'insertion de cette réponse dans un de vos plus prochains numéros.

On lit dans l'article de M. A. Maxime :

« Les propriétés acquises par la ville de Paris jouiront toujours (mais) provisoirement, du droit d'entrepôt fictif. »

Puis, dans le paragraphe suivant :

« A partir du 1er janvier 1870, les vins logés dans les immeubles n'appartenant pas à la ville seront privés du droit d'entrepôt, et cela aux termes de la loi de 1859, et logés dans des constructions qui seront bâties rue de Nicolaï et rue de Bercy. »

Si nous comprenons bien, cela signifie :

Les locataires, négociants en vins de la ville, jouiront pendant un temps indéfini du droit d'entrepôt, sans su-

2.

-bir aucun dérangement ni aucun trouble dans leur commerce.

Mais les négociants dont les propriétaires n'ont pas
voulu, à tort ou à raison, traiter avec la ville, seront privés du droit d'entrepôt et relégués ici ou là.

Nous avouons, nous tous locataires de monsieur tel ou
tel, ne pas comprendre les motifs de la faveur accordée
à nos confrères qui, par l'effet du hasard, se trouvent
locataires de la ville. Aussi repoussons-nous de toutes
nos forces cette décision, tant au point de vue de la justice qu'au point de vue de la légalité.

Au point de vue de la justice, car en voulant frapper
le propriétaire, qui, par ses prétentions exagérées, a gêné
les projets de la ville, on frappe le négociant, et l'on ne
place pas tous les commerçants dans des conditions
d'égalité.

Il peut paraître indifférent à première vue d'être placé
ici ou là; mais nous savons, par expérience, qu'un déplacement est souvent une ruine pour le déplacé, quand
ce déplacement a lieu dans un cas comme celui qui nous
occupe, et qui éloigne le négociant du centre des transactions commerciales.

Au point de vue de la légalité, nous disons :

Le paragraphe 4 de l'article 5 de la loi de 1859 dit, en
traitant la question du droit d'entrepôt et partant de sa
prorogation : en ce qui concerne les boissons, cette mesure ne pourra être prise qu'en vertu d'une loi. Ce texte
est clair et d'une facile interprétation.

Nous avons entendu dire, il est vrai, pour justifier
cette illégalité, que l'acquisition d'une propriété par la
ville suffit pour transformer cette propriété en entrepôt
réel, si tel est son bon plaisir.

Nous n'admettons pas cette subtilité, car il suffirait à la
ville de se rendre propriétaire de tel ou tel immeuble
pour favoriser un groupe de négociants au détriment de
tel autre.

Nous ne comprenons pas les motifs qui ont pu et qui
peuvent empêcher la ville de Paris, déjà propriétaire de

la grande moitié des immeubles de Bercy, de se rendre propriétaire de la totalité des immeubles qui lui sont nécessaires. Dans ce cas, elle pourrait placer tous les négociants dans une égalité parfaite, et éviter cette multiplicité d'entrepôts partiels dont nous ne comprenons pas l'organisation, vu le grand nombre de maisons d'habitation englobées dans leur enceinte.

Les prétentions des propriétaires ont seules empêché, dit-on, l'achat de toutes les propriétés.

Pour nous, cette raison ne signifie rien.

La loi a donné à la ville de Paris le droit d'expropriation pour cause d'utilité publique, et le juge d'expropriation pour juge entre le chiffre de l'offre et de la demande. Qu'elle agisse donc.

Quant à la question d'argent, en présence des sommes dépensées pour l'exécution des immenses travaux exécutés dans l'ancien Paris, elle ne peut être soulevée sérieusement ; car jamais travaux aussi utiles et plus productifs n'auront été exécutés.

Utiles, car ils mettront le commerce des vins et toute cette portion d'un quartier de Paris à l'abri d'un fléau périodique, l'inondation. Productifs, car l'agglomération des vins sur l'immense marché de Bercy, assure à la ville de Paris, même avec une réduction sur le prix de location actuelle, un magnifique revenu. Aussi, jusqu'à preuve du contraire, croyons-nous que le dernier mot de cette question n'est pas dit. Le procès soutenu et gagné par M. le préfet contre les prétentions des usiniers de Paris, nous est un sûr garant de son respect pour la loi et de son amour de la justice.

Recevez, etc.

C. MALLET,
commis en vins.

Bercy-Paris, 18 février 1869.

Nous n'avons rien à retrancher de notre dernière chronique de Bercy.

Là question du commerce de cet important marché offre trop d'intérêt pour que nous n'allions pas au fond des choses, avant de prendre la plume. Or, nous maintenons que nos renseignements concernant le futur entrepôt de Bercy, sont d'une exactitude irréprochable.

Il nous était très-facile de ne pas insérer la longue lettre qui précède, car son rédacteur, qui signe C. Mallet, *commis en vins*, n'a sans doute pas la prétention de parler au nom du commerce?

Ce qui nous étonne, cependant, c'est que M. C. Mallet intervienne dans cette affaire, en employant à chaque phrase cette expression : *Nous.*

Mais, cher monsieur, avez-vous seulement soumis votre épître à votre patron?..... Est-ce que les négociants de Bercy ne savent pas ce qu'ils doivent faire, en présence des événements qui vont s'accomplir? Ah ! nous aurions compris que ces messieurs adressassent des réclamations à qui de droit, soit à l'administration municipale, soit à la commission représentative du commerce en gros des liquides de la place de Paris. Mais leur silence nous paraît significatif. Nous en connaissons — et un très-grand nombre — qui applaudissent aux mesures prises, par la raison que l'avenir de Bercy se trouve assuré. Peu s'en est fallu que l'entrepôt de Bercy n'allât rendre visite au quartier de Grenelle. *Inde iræ*, n'est-ce pas?

M. C. Mallet nous demande pourquoi, en ce qui concerne Bercy, la ville n'a pas recouru à l'expropriation.

L'*Opinion nationale*, dans son numéro du 8 décembre 1868, a posé la même question à l'administration municipale, qui lui a répondu par un communiqué duquel nous détachons les lignes suivantes :

« La cessation de l'entrepôt fictif dont jouissent les négociants en vins de Bercy, aux termes de la loi du 16 juin 1859, leur causerait une gêne considérable, si la ville n'était pas alors en mesure de leur offrir un entrepôt réel autre que celui du quai Saint-Bernard, qui ne peut emmagasiner qu'une partie du stock du commerce des vins et eaux-de-vie.

« C'est en vue de cette éventualité que la ville s'est ménagé d'avance un certain nombre d'acquisitions amiables de terrain. L'expérience a révélé plusieurs fois *quelle plus-value factice prenaient les immeubles compris dans les projets municipaux, lorsque ces projets étaient divulgués par l'accomplissement des longues formalités de la déclaration d'utilité publique et de l'expropriation, et combien sont préjudiciables aux finances municipales les renouvellements ou prolongations de baux que beaucoup de locataires obtiennent en prévision d'une expropriation probable, avant même qu'aucune formalité légale ait été commencée, et, par conséquent, à l'abri de toute contestation ultérieure de la sincérité de ces conventions.*

» Une commission, composée de membres du conseil municipal, est chargée d'étudier le projet d'entrepôt dont il s'agit, *et les intérêts du commerce des vins y sont intelligemment défendus par un des principaux négociants de Bercy.* »

Depuis la publication de ce communiqué, le conseil municipal ne s'est pas arrêté, et nous verrons un jour un vaste entrepôt réel sur l'emplacement actuel du commerce de Bercy ; mais soyons de bonne foi, on n'édifie pas un entrepôt aussi important dans l'espace de quelques mois !... Seulement, et c'est de la sorte que le comprend l'administration, les intérêts du commerce seront sauvegardés entièrement, quoique ce commerce soit obligé de subir, par la force des choses, un provisoire de plus ou de moins longue durée.

Toutefois, dirons-nous en terminant, si les négociants de Bercy trouvent que la ville n'a pas agi sagement, en conservant l'existence de Bercy comme entrepôt réel, qu'ils se concertent entre eux, qu'ils publient un mémoire et l'adressent à l'administration municipale, qui, en dépit d'accusations aussi banales que mal fondées, ne repousse jamais de justes réclamations.

24 février 1869.

X

Discours de M. Rouher, ministr e 'État.

Nous ne pouvons mieux consacrer notre chronique de Bercy qu'à la publication de la partie du discours prononcé par M. le ministre d'État, au Corps législatif, dans la séance du 26 février dernier.

Nos lecteurs verront que nos renseignements étaient précis, lorsque nous traitions ici la question de *Bercy-Entrepôt*.

Les paroles de M. Rouher doivent rassurer les esprits inquiets : l'avenir de Bercy est à l'abri de toute entrave administrative.

En un mot, pour nous servir d'une expression de M. le ministre d'État : « *Le gouvernement reconnaît bonne* » *et nécessaire la création d'un entrepôt réel à Bercy.* »

Êtes-vous satisfaits, *chers* admirateurs de Noé ?

Voici les paroles de M. Rouher :

« ...Je rencontre ici le traité relatif à l'entrepôt de Bercy, dont il a été question au début de la séance. Lorsqu'on a appris que ce traité avait été récemment conclu, on y a vu un moyen imaginé par la ville pour se procurer des fonds, en se faisant verser des dépôts de garantie qu'elle voulait appliquer à des payements urgents, quitte à se retourner plus tard pour opérer le remboursement.

Je veux vous faire connaître ce traité, ses dispositions, ses causes, et vous dire la pensée du gouvernement à l'égard de cette convention nouvelle. (Reposez-vous ! reposez-vous !)

(La séance est suspendue un moment, M. le ministre reprend ensuite :)

Ce traité a paru, par sa coïncidence avec la discussion engagée devant le Corps législatif, constituer une véritable anomalie. Eh bien, je dois faire connaître que, l'année dernière, la commission du Corps législatif ayant interrogé M. le préfet sur les projets ultérieurs de la ville, M. le préfet avait répondu que la création d'un entrepôt à Bercy était nécessaire et que des négociations étaient entamées pour la concession.

La loi d'annexion de 1859 a, par son article 5, stipulé un régime spécial pour les entrepositaires de la banlieue. A Bercy, notamment, il y avait, hors barrière, de nombreux entrepôts à domicile, affranchis de toute surveillance, puisqu'ils n'étaient pas dans le rayon de l'octroi.

Lorsque la commune de Bercy, avec ses magasins et ses entrepôts libres, fut annexée à la ville de Paris, il fut décidé que, pendant dix années, les magasins libres de Bercy seraient convertis en entrepôts à domicile sous la surveillance de l'administration.

Il fut stipulé en même temps qu'à l'expiration de ce délai, on pourrait proroger cette faculté, mais à la condition expresse de la généraliser et de l'étendre à tout le commerce des vins dans Paris. Ainsi, au 1er janvier 1870, époque à laquelle le privilége accordé par la loi d'annexion cessera, la faculté d'établir des entrepôts à domicile deviendrait générale : s'appliquant à 8,000 marchands en gros et à 22,000 détaillants, elle créerait une impossibilité absolue ; car aujourd'hui, bien que la faculté d'entrepôt à domicile ne soit qu'un privilége très-restreint la fraude à laquelle elle donne lieu est de 3 à 4 millions

Il fallait donc songer à un entrepôt réel. On a hésité entre deux emplacements : la Villette et Bercy ; l'ancienne possession et le voisinage du fleuve ont fait choisir Bercy. Le conseil municipal a décidé qu'un entrepôt réel y serait établi, et l'on a même commencé les acquisitions de terrains : 4,500,000 francs ont été payés à-compte.

C'est alors qu'est intervenu un traité entre la ville et la Société des magasins généraux ; cette société a pris à sa charge les achats de terrains et les constructions en s'engageant toutefois à ne pas dépenser plus de 40 millions; elle aura la régie de l'entrepôt, moyennant un abonnement à forfait de 185,000 francs pendant la première période de la durée du traité, et de 225,000 fr., pendant la seconde. Les produits de l'entrepôt seront attribués à la ville, qui réglera la somme dépensée en cent vingts payements semestriels, ou soixante annuités.

Elle a pour se couvrir les produits de l'opération et de l'entrepôt. Seront-ils considérables?

Construit pour 1 million 200,000 hectolitres, cet entrepôt mettait annuellement 2 millions ou 2 millions 500,000 fr. dans la caisse de la ville.

M. GLAIS-BIZOIN. Mais si les octrois sont supprimés, que devient cette recette ?

M. LE MINISTRE D'ÉTAT. Si les octrois venaient à être supprimés, les financiers du temps auraient à trouver dans l'impôt foncier, dans l'impôt mobilier, dans l'impôt du revenu, des ressources dont la charge pourrait bien être autrement lourde que celle dont on veut s'affranchir; mais nous n'avons pas en ce moment à discuter les promesses que peut faire M. Glais-Bizoin à ses électeurs (Rire général), nous examinons et nous devons apprécier un traité passé en vue d'une grande entreprise.

A côté des dispositions que je viens d'exposer, il en est deux autres très-importantes. Le traité stipule que la Société des magasins généraux versera 15 millions à titre de cautionnement et de garantie pour le payement des terrains achetés et pour la prompte exécution des travaux. Il déclare, en outre, que ces conventions ne sont que provisoires, et que dans le cas où l'autorité supérieure ne les ratifierait pas, on rembourserait les sommes dépensées.

Que pense le gouvernement de ce traité ? l'approuve-t-il? l'appuiera-t-il? Le gouvernement reconnaît bonne et nécessaire la création d'un entrepôt réel à Bercy...

Le traité invoque l'urgence. L'urgence est palpable.

La question a été soumise de nouveau au conseil municipal ; quand il aura arrêté ses résolutions, vous serez saisis d'un projet de loi, et vous déciderez. »

Nous ajouterons, en terminant, que les travaux sont à la veille d'être entrepris rue de Nicolaï, sur l'emplacement de la caserne du train des équipages et sur celui de la propriété désignée sous le nom de *Pâté-Paris.*

Les locataires sont occupés à plier bagages.

Allons ! il y a encore de beaux jours pour *Bercy-les-Vins.*

20 mars 1869.

Mâconnais et Bourguignons. — Poulains, tabernacles,
crapauds, sacs à dégerber. — M. Jules Brame.

Nous estimons la population de Bercy, le Bercy flottant,
bien entendu, des cours et du port à six mille âmes.
Or, parmi ces six mille personnes, c'est la Basse-Bourgogne et le Mâconnais qui en fournissent le plus grand
nombre.

Toutefois, ne confondez pas les Bourguignons avec les
Mâconnais, les *Mâconniaux*, comme on dit ; ils savent se
distinguer, n'en doutez pas, en dépit de la vieille divi-
sion des provinces qui les mettait sous le commande-
ment d'un même gouverneur, depuis qu'ils avaient tous
appartenu à la domination du Téméraire et de ses quelques prédécesseurs.

Le Mâconnais, reconnaissable à ses traits et à ses cheveux plus bruns, déjà du Midi, passe pour irascible,
exclusif; le Bourguignon pour entêté, rancunier, fier ; au
demeurant, les deux races sont courageuses et unies,
malgré des taquineries fréquentes entre elles.

On distingue aussi les hommes des pays de la Loire, du
Cher et de l'Orléanais principalement, qu'on nomme
guépins; ceux-là sont moins nombreux que les Bourguignons et les Mâconnais, mais ils sont vaillants, très-bons
tonneliers.

A côté de ces trois groupes, on rencontre des hommes
venus de différentes contrées vinicoles et même des
provinces de l'Est et du Nord; mais ils sont isolés, ne
forment plus compagnonnage étendu, nation pour ainsi
dire.

Citons encore les hommes de Paris ou des départements

limitrophes de la Seine. Beaucoup d'entre eux ne sont guère que des manœuvres ne connaissant pas la *tonnellerie*, mais ils sont intelligents, actifs, et rendent des services pour les *gerbages, dégerbages* et *soutirages*. Les plaisanteries d'un bon sel, les reparties joyeuses, les bons tours sont à l'ordre du jour dans les cours de Bercy. Les noms mêmes des ustensiles de travail révèlent de l'imagination et de l'observation.

Cet échafaudage portatif et cintré, grâce auquel les *poulains* montent les fûts jusqu'au haut des travées, c'est un *tabernacle;* cet ustensile, accroupi à terre, formé de deux pièces de bois soudées ensemble par de fortes chevilles et évidés en ellipse, qui reçoit et tient élevée au-dessus du sol la pièce que l'on soutire, c'est un *crapaud,* etc., etc.

Puisque nous parlons d'ustensiles de travail, faut-il donner ici un souvenir au *sac à dégerber* ? Le *sac à dégerber,* voyez-vous, c'est un objet utile, indispensable, vénérable presque. Dans son acception la plus ordinaire, ce n'est rien, comme son nom l'apprend, qu'un sac bourré de paille, destiné à amortir le choc, contre terre ou contre d'autres fûts, des pièces que l'on descend des travées; mais à combien d'autres usages est-il employé! Quelque brave garçon a-t-il trop fêté le dimanche ? Vaincu par le sommeil et la fièvre bachique de la veille, éprouve-t-il, vers le milieu du lundi, un impérieux besoin de repos, il s'en va sans bruit vers le couloir où il a aperçu le *sac à dégerber.*

Un autre a-t-il trop fréquemment rempli et vidé sa tasse en soutirant quelques pièces d'un vin *généreux*, le *sac à dégerber* lui offre encore sa couche réparatrice.

Il est de grosses servantes des marchands-traiteurs voisins qui vont porter par les cours les déjeuners de MM. les ouvriers. En est-il beaucoup qui regarderaient le *sac à dégerber* sans rire ? Mais halte-là !... Bercy est en quelque sorte une petite ville de province dans laquelle les cancans abondent autant que les vins du *Midi* déplaisent à l'honorable député de la deuxième circonscription du *Nord*, M. Jules Brame !... Ici, chacun dit la sienne.

Lorsque les affaires chôment, il faut bien *tuer* le temps, se livrer aux exercices de la politique, tout comme ces messieurs du palais Bourbon..., parler de la hausse, de la baisse, du budget, des élections, etc., etc.

Donc, on cause à qui mieux; c'est aussi à qui *dépensera* le plus d'*esprit*... fera le plus joli jeu de mots... exposera le plus beau plan...

Ces jours derniers, chers lecteurs, il n'était question que du *Nord* et du *Midi* : on avait lu les débats de la Chambre (séance du 7 avril), et l'on se proposait d'envoyer un brevet d'invention au spirituel député du Nord. N'a-t-il pas découvert « qu'il y a à la fois à boire et à manger dans les vins du Midi ? »

Mais cette proposition, mise aux voix, a été repoussée à l'unanimité. Quelques-uns, cependant, jaloux de rendre hommage au mérite de M. Brame, ont décidé qu'ils lui enverraient un appareil pour tirer à clair cette *bouillie* si difficile à digérer.

On gravera sur ledit appareil cette phrase brève, mais éloquente :

A M. JULES BRAME (DU NORD)

LE LIQUIDE RECONNAISSANT.

Et le *solide*, me direz-vous, que deviendra-t-il ? Parbleu ! on l'enverra dans le nord pour *aviner* la betterave !...

Voilà qui est *clair*, n'est-ce pas, cher monsieur Brame ?...

Allons, donnez une bonne poignée de main au *Midi* !... Bien, très-bien, bravo, *les deux extrêmes se touchent ! !*..

17 avril 1869.

Les deux châteaux de Bercy. — L'accroissement des va-
leurs. — Les fils des Croisés et la bande noire. — Les
propriétaires du château de Bercy. — L'anglomanie.

Bercy possédait deux châteaux, le *grand* et le *petit ;* il
ne reste plus, hélas! que ce dernier... condamné à disparaître aussi, comme son aîné.

La spéculation, cette entreprenante et opulente déesse
de nos jours, qui n'a juré une guerre à mort au passé
qu'au profit du présent et de l'avenir, ne pouvait manquer, en effet, de rendre un jour ou l'autre visite à ce
domaine de deux cents années et de dix-huit cent mille
mètres, à un château frère et contemporain du palais de
Versailles, où le ciseau du sculpteur, la navette du tisse-
rand, la palette du peintre et le goût exquis d'un grand
architecte avaient accompli, par une dépense, un art,
un génie inépuisables, quantité d'incomparables merveilles.

Et comment les portes, si rigoureusement fermées à
tout venant, de cet aristocratique sépulcre, où chaque
année accumulait ruine sur ruine, poussière sur poussière, ne se seraient-elles pas ouvertes à deux battants
pour la recevoir, quand elle apportait à M. le comte de
Nicolaï, en échange du terrain, nu de toute construction,
de son immense propriété, *dix millions cinq cent mille
francs,* sans compter *cinquante mille francs* d'épingles pour
les employés et serviteurs de son château fantôme?

Si les princes et les grands d'autrefois ne se faisaient
pas trop tirer l'oreille lorsqu'il s'agissait d'épingles, la
spéculation, comme on le voit, ne se montre aujourd'hui
ni plus récalcitrante, ni moins généreuse dans l'occasion.

Un autre fait qui ressort, clair comme le soleil, de la comparaison des temps, c'est le prodigieux accroissement de valeur qu'ont pris, depuis cinquante ans, les immeubles situés dans le voisinage de Paris.

Qui croirait, par exemple, que le château de Bercy et ses dépendances, dont une partie avait déjà été aliénée, au prix de *trois millions de francs*, pour fournir des terrains au ministère de la guerre, au chemin de fer de Lyon et à la commune de Bercy, avaient été achetés *dix-huit cent mille francs*, au commencement de ce siècle ?

Treize millions cinq cent mille francs, plus environ *trois autres millions* de biens en terre, bois, etc., etc., que possédait, il n'y a pas encore bien longtemps, à Bercy, M. le comte de Nicolaï, pour le terrain nu d'une propriété payée, constructions comprises, *dix-huit cent mille francs*, n'est-ce pas, nous vous le demandons, à crier au miracle, à convertir au progrès qui entraîne notre société, les saint Thomas les plus sourds, les plus aveugles, les plus endurcis de *l'ancien régime ?* Ne vous étonnez donc pas, après cela, si, oubliant tous les anathèmes fulminés par eux et les chantres du passé contre la *bande noire*, qui jetait bas toutes les féodales demeures par elle acquises à beaux deniers comptant, pour les transformer, selon les besoins et les aspirations de notre temps, en usines, en moulins, en habitations de plaisance, en fabriques, en fermes, ne vous étonnez donc pas si, par un revirement *fatalement* inévitable, les *fils des croisés*, les héritiers de notre vieille noblesse, capitulant avec leur orgueil, daignent actuellement condescendre à traiter d'égal à égal avec cette *bande noire* tant maudite, à laquelle ils ont restitué son vrai nom, l'industrie, et qui vient à eux les mains pleines de millions.

Le château de Bercy, dont les enchères ont dispersé à tous les vents de la fortune les dernières luxueuses et vénérables reliques (nous disons les dernières, car vers 1830, M. le comte de Nicolaï en avait enlevé une grande partie des meubles, des tableaux, des tapisseries, pour en décorer ses autres propriétés), le château de Bercy fut bâti sur les bords de la Seine, près du confluent de la Marne, pour la famille Malon, famille plus riche qu'historiquement illustre, car elle est oubliée, même dans les *Mémoires du duc de Saint-Simon*, qui n'oublie rien. Commencé en 1650, il ne fut définitivement achevé qu'en 1710. François Mansart, frère de Jules-Hardouin Mansart et architecte du palais de Versailles, en fournit le plan.

Le Vau, autre architecte de Louis XIV, le restaura ou plutôt le reconstruisit pour d'Ollier, marquis de Nointel, qui en était devenu possesseur.

Le fameux Le Nôtre en dessina le parc, — un parc de trois cents arpents, percé d'avenues magnifiques, — l'environna de jardins délicieux, et le borda, du côté de la Seine, par une longue terrasse, où deux grands lions de pierre faisaient encore mélancoliquement sentinelle, il y a quelques années.

Acquéreur d'une partie de ce somptueux domaine, en 1706, Pâris de Montmartel, le plus opulent fermier général de son époque, y fit élever le gros pavillon en pierre de taille, style du dix-huitième siècle, qu'on voit sur le quai, au coin de la rue Nicolaï, et que le marteau démolisseur ne tardera pas à faire tomber pour la construction d'un entrepôt réel, — entrepôt qui s'étendra sur toute la longueur du quai de Bercy (entre le pont de Bercy et le pont Napoléon).

Ce massif bâtiment, longtemps connu sous le nom de Pâté-Pâris, a été, — sous le règne de Louis-Philippe et depuis, — complétement séparé du château par les fortifications et le chemin de fer de Ceinture qui traverse Bercy.

En 1814, l'Etat acheta de M. le général Chanet et de M. Dutilloy, son gendre, qui les avaient acquises sous l'empire, les dépendances de ce pavillon, qui servaient d'orangerie.

Successivement converties par lui en caserne de cavalerie, en caserne de gendarmerie, en magasins à fourrages pour la garnison de Vincennes, elles ont été, en dernier lieu, retransformées en caserne du train des équipages de l'armée de Paris.

M. de Calonne, ce ministre-courtisan de Louis XVI, qui fit feu pendant deux ans de tout son esprit — et il en avait beaucoup — pour cacher, aux yeux du roi, son maître, et surtout de la reine, sous une pluie de fleurs et d'or, l'abîme où devait sombrer le trône, — ayant loué le château de Bercy, entreprit de donner au beau parc français de Le Nôtre la physionomie d'un parc anglais.

L'anglomanie faisait alors fureur à la cour et à la ville.

19 mai 1869.

XIII

L'agonie du château de Bercy. — Charles Nodier expulsé.
— M. Vavasseur. — Souvenirs de la reine Hortense.

La mode était passée des allées ratissées et tirées au cordeau, des monotones charmilles, des arbres violentés pour s'arrondir en dômes, s'élancer en pyramides, etc., etc., comme touchait à sa fin le règne des marquis pomponnés, enrubanés, dorés, pailletés, de *l'Œil-de-Bœuf*, qui, les regards et l'oreille fermés à toutes les clartés sinistres, à tous les bruits menaçants du dehors, continuaient à danser, les malheureux! sur le volcan qui s'apprêtait à les engloutir avec la monarchie.

Si longtemps méconnue et foulée aux pieds, la nature revendiquait partout ses droits.

Le moment n'était pas loin où l'austère girondin Roland, avec sa rude franchise de *paysan du Danube*, allait, son portefeuille de ministre sous le bras, se montrer devant le roi, au grand scandale de la cour, en simple frac noir et souliers lacés.

Pendant la *Terreur*, — qui épargna le grand château de Bercy par oubli, ou plutôt par commisération pour l'innocence de son propriétaire, âgé seulement de douze ans, — on établit dans le parc une fabrique de papiers peints, remplacée bien des années après par une fabrique de teinture pour châles.

La chapelle du château servait autrefois d'église aux habitants de Bercy.

Depuis 1830, tout était solitude, abandon, ténèbres dans cette splendide demeure, livrée, fenêtres et portes closes, en proie à la rouille, à la souillure, à l'insecte, à tous les ravageurs que vous savez; dans cette splendide

3.

demeure, autrefois « remplie de toutes les fêtes du goût,
de la magnificence et du bel esprit, mêlé à tout ce que
la noblesse a de plus rare et la beauté de plus charmant. » On eût dit que les Bourbons de la branche aînée
en avaient emporté les clefs dans leur exil.

C'est à peine si, dans la belle saison, *l'omnibus* y amenait
quelquefois M. le comte de Nicolaï, qui s'y était réservé, comme pied-à-terre, un petit bâtiment contigu
à la chapelle dont nous venons de parler.

L'accès en était rigoureusement interdit à l'antiquaire,
au poète, à l'historien, à l'artiste, au voyageur, au simple
amateur. Charles Nodier, dans son ouvrage *les Bords
de la Seine,* nous raconte que *la porte lui en fut fermée
par un cerbère impitoyable.*

L'empereur Napoléon III, n'étant encore que président
de la République, vint, *incognito* et sans suite, le visiter,
en mémoire du séjour momentané que la reine Hortense
y fit en 1814 avec ses enfants ; et il n'y eût pas été plus
hospitalièrement accueilli que notre illustre académi-
cien, s'il ne se fût nommé à M. Arsène Vavasseur, alors
régisseur du château, qui, n'ayant jamais eu l'honneur de
le voir, se disposait à lui demander s'il était muni d'un
permis de M. de Nicolaï.

Jugez de l'émotion de ce régisseur inflexible en présence du neveu de son *Empereur,* car M. Arsène était un
ancien serviteur du premier empire.

Si notre brave cicérone fut heureux et fier de faire
à son auguste visiteur les honneurs du château confié à
sa rigide surveillance, vous devez le penser, et il n'eut
garde d'oublier de le conduire dans le grand salon où il
savait que le fils de la reine Hortense avait couché à l'âge
de six ans.

En traversant le jardin du côté de la terrasse, le
prince-président se baissa pour cueillir une violette qui
se trouvait sur son passage.

Pieux et touchant souvenir que celui-là !

En effet, lorsque la reine Hortense habitait la Malmaison, en 1814, elle manda un jour auprès d'elle ses deux charmants enfants.

Mais laissons parler ici mademoiselle Cochelet, à qui nous devons d'intéressants mémoires sur l'ex-reine de Hollande.

« Après les avoir interrogés, nous apprend mademoiselle Cochelet, sur ce qu'ils savaient déjà, elle passa en revue tout ce qu'ils avaient besoin de savoir encore pour pouvoir, en cas de complet dénûment, se suffire à eux-mêmes et assurer leur existence.

» — Si tu ne possédais plus rien du tout et que tu fusses seul au monde, dit-elle à son fils aîné, que ferais-tu, Napoléon, pour te tirer d'affaires ?

» — Je me ferais soldat, et je me battrais si bien qu'on me ferait officier.

» — Et toi, Louis, reprit la reine en se retournant vers notre futur empereur, que ferais-tu pour gagner ta vie ?

» Le petit prince, qui avait écouté très-gravement ce qui venait d'être dit, sentant bien que le fusil et le sac, quelque petits qu'ils fussent, étaient encore au-dessus de ses forces, répondit :

» — Moi, je vendrais des bouquets de violettes comme le petit garçon qui est à la porte des Tuileries, et auquel nous en achetons tous les jours.

» Et la reine d'embrasser avec effusion ses deux enfants ! »

Il fallait que le château de Bercy fût vendu pour que les amis « des belles ruines, des splendeurs éteintes, des poussières illustres », fussent admis à y pénétrer.

Nous ne saurions, à ce sujet, nous empêcher de dire, en passant, que M. de Nicolaï, ancien conseiller municipal de la commune de Bercy, dont son père avait été, en outre, pendant neuf ans (de 1821 à 1830), le premier magistrat, eût fait acte de bon goût et de courtoisie envers les habitants de cette commune en permettant que dans l'été son parc leur fût ouvert les dimanches et les jours de fête.

Manquant de promenades, ils lui en eussent été très-reconnaissants.

Nous ne saurions davantage nous retenir d'exprimer le regret qu'il n'ait pas été donné par lui, à quiconque a l'honneur de tenir un crayon ou une plume, de pouvoir interroger les mystères de la fortune, les débris de la grandeur de cet authentique témoignage du grand siècle et du grand roi. L'art, la poésie, l'histoire y eussent gagné, et rien n'eût été perdu.

16 juin 1869.

XIV

L'acte mortuaire du château. — La bibliothèque. — Une
ronde.

C'est avec un sentiment de profonde mélancolie que
nous avons assisté au curieux, à l'incroyable, au lamen-
table spectacle de cette ruine étrange et superbe, de cette
misère vraiment royale, « de ces haillons qui sont une
histoire, de ces restes magnifiques, de ces vestiges gran-
dioses, de ces majestés du bois sculpté, du marbre taillé,
de la pierre où l'artiste a tracé en caractères, qu'il se figurait impérissables, les métamorphoses que le peintre
était impuissant à reproduire. »

Avant de procéder à la vente de toutes les richesses
poudreuses, boiteuses, déchirées, dégradées, vermoulues,
de cette nécropole, on a dû retirer du caveau de la chapelle deux cercueils, qui ont été transférés au cimetière
Picpus, appartenant à une congrégation religieuse.

Ces deux cercueils renferment la dépouille mortelle
de madame la comtesse de Saint-Lieux, née de Nicolaï,
morte en 1830, à l'âge de vingt-sept ans, et celle de M. de
Malon, mort en 1809, à l'âge de vingt-neuf ans.

C'est de M. de Malon, fils de Henri de Malon, chevalier,
seigneur de Bercy, ancien conseiller d'Etat, intendant des
finances, grand maître et directeur général des ponts et
chaussées de France sous Louis XV, que M. de Nicolaï
avait reçu, tout jeune, par héritage, le château dont nous
dressons ici l'acte mortuaire, et dont son père avait eu la
jouissance jusqu'à sa majorité.

Les boiseries et les bibliothèques ont été, sans contredit, la partie la plus intéressante et la plus disputée de

cette vente, dont nous allons faire connaître les plus riches articles.

Rez-de-chaussée (annexe du château) : une salle de bain en marbre ; à la suite, pièce de repos carrelée, sculptée et dorée.

Grand château (salle des gardes) : quatre grandes peintures d'une certaine valeur historique, savoir :

1° Cérémonie du feu sacré dans l'église du Saint-Sépulcre de Jérusalem. (Beaucoup de mouvement, nombre prodigieux de figures.)

2° Entrée dans la ville sainte de Charles-François d'Ollier, marquis de Nointel, conseiller au parlement, ambassadeur de France à Constantinople en 1670, l'un des ancêtres de la famille de Nicolaï ;

3° Son audience chez le grand-visir ;

4° Vue de Jérusalem.

Sur le premier plan de ce tableau, le marquis de Nointel, à pied et accompagné des personnes de sa suite, converse avec des Turcs.

Ces quatre toiles, de l'école de Lebrun, sont signées : Carrey.

Office. — Revêtement des murs de l'office, petite pièce basse (vendu 4,500 fr.). Ce revêtement est en marbre du Languedoc, orné de garnitures en étain moulé, d'un style plein de caractère et d'originalité.

Salle à manger. — Boiseries remarquables : deux buffets Louis XIV ; table console (*idem*), vendus 3,300 fr.

Deux grandes chasses, par Snyders, chasse au cerf et chasse au sanglier, vendues les deux, 5,500 fr.

Premier étage. — Quinze belles tables et consoles Louis XIII et Louis XIV, en bois sculpté, et consoles Louis XIII et Louis XIV, en bois sculpté et doré, avec marbres rares et précieux (Portor, griotte d'Italie, Serrancolin, etc.); un lit de repos en bois sculpté et doré Louis XIII.

Une table console, en bois doré Louis XIV sortant de la *Manufacture royale des meubles de France*, fondée par Colbert en 1667 (vendue 6,000 fr.).

Sept grands fauteuils Louis XIII, un canapé (*idem*), recouverts en tapisserie du temps ; six fauteuils Louis XIV
(*idem*) ; un bois de lit Louis XIII ; deux clavecins, glaces,
cadres, etc., etc. ; trente magnifiques tentures en tapisseries très-anciennes et très-bien conservées (collection) ;
soieries de Lyon, etc., etc. ; dix-huit cheminées en marbre Louis XIII et Louis XIV, avec plaques historiées et
chenets du temps.

Petit salon. — Boiserie du plus beau travail ; cheminée
admirable (vendus 25,000 fr. à S. M. l'Impératrice).

Ce chef-d'œuvre de sculpture, qu'on a moulé pour le
Musée, a failli nous être enlevé. Un Russe l'a poussé jusqu'à 15,000 fr. ; un Anglais jusqu'à 20,000 fr.

Grand salon. — Riches boiseries sculptées ; dix-huit
pilastres d'ordre corinthien ; six médaillons (ovales) ; deux
dessus de porte dans leurs cadres, sculptés ; deux glaces
(*idem*) ; ornements en cuivre Louis XIV (vendus 17,000 fr.
à S. M. l'Empereur).

Petite bibliothèque (sans livres), formant deux pièces
séparées par une ouverture circulaire ; treillage en lai-
ton ; ornement du meilleur goût ; superbe boiserie sculptée (la plus belle du château) ; peintures, etc., etc. (vendue à M. le baron James de Rothschild, 28,000 francs).

Grande bibliothèque, composée de deux parties séparées
par une entrée sculptée, formant douze compartiments,
avec médaillons, bustes, tablettes. Cette bibliothèque, en
chêne sculpté, renfermait environ 6,000 volumes. Nous y
avons remarqué : *les œuvres gravées* de Téniers, de Van
Dyck, de Van der Meulen ; le *Montaigne,* en maroquin
rouge (1640) ; le *Plutarque,* de Vascosan (1567-73) ; le *Nouveau Testament,* in-12, en maroquin ; le *Virgile* (1636) ; un
Livre d'heures, manuscrit (douze miniatures) ; l'*Année lit-
téraire,* de Fréron ; le *Mercure de France ;* la *République
des lettres ;* les sermons du *Père Lenfant ; Froissart ;* le
Trésor des antiquités grecque et latine, de Grævius et Gro-
novius, relié en vélin (très-beau et très-complet), etc.
Qu'il nous soit permis de citer encore un ouvrage
compris au nombre de ceux dont nous avons fait l'ac-

quisition : ce volume in-8°, sans nom d'auteur, publié à la fois à Amsterdam et à Paris, chez Sébastien Jorry, a pour titre : *Mes Fantaisies* ; pour épigraphe : *Ludibria ventis* ; pour date : 1768, et se compose de poésies détachées : épîtres, madrigaux, chansons, épigrammes, etc., fort agréablement tournés.

C'est à coup sûr, l'œuvre d'un homme d'esprit — poëte amateur ou poëte de profession — qui devait avoir ses grandes et ses petites entrées au château de Bercy, comme le prouverait certaine ronde écrite par lui pour une fête donnée dans ce château à deux jolies femmes du dernier siècle, dont il nous tait les noms, ronde dont voici le refrain et le premier couplet :

> Amis, dans quel lieu du monde
> Rit-on, chante-t-on aujourd'hui ?
> Qu'avec nous l'écho réponde :
> C'est à Bercy, c'est à Bercy.

> Bercy, pour nous, devient Cythère :
> Des amours c'est le rendez-vous ;
> Ils quittent le sein de leur mère
> Pour venir jouer avec nous.
> Amis, etc.

Dites encore que Bercy n'a pas toujours été un pays de Cocagne !

Somme toute, elle était très-curieuse, cette bibliothèque du château de Bercy, « où régnait résolûment et exclusivement le passé, où brillaient, par leur absence, les maîtres écrivains de ce siècle... », aussi inconnus dans ces murailles que s'ils n'avaient jamais existé.

La vente de toutes ces richesses, — meubles et livres, — a produit *deux cent dix-sept mille francs*.

Un amateur avait offert *cent mille francs* de la totalité des boiseries : ce chiffre a été dépassé de beaucoup, comme on le voit.

XV

Le Petit-Château. — Dépendances. — Le vieux cèdre. —
L'Allée des Pommiers. — Les rues de M. Gallois.

Le *Petit-Bercy* se composait des terrains situés entre
l'ancienne rue Grange-aux-Merciers (rue Nicolaï) et la
barrière de la Rapée.

Un parc superbe entourait le bâtiment appelé le *Petit-
Château*.

Ce parc fut acheté par une compagnie qui louait des
emplacements aux marchands de vins en gros.

MM. de Chabons et de Cussy firent acquisition de la
partie afférente au Petit-Château, et la revendirent, en
1815, à M. Gallois père, dont nous reparlerons en terminant cette chronique.

Aujourd'hui, le Petit-Château est occupé par plusieurs
locataires : le magnifique jardin qu'on apercevait au
n° 45 du quai a disparu ; seul, un superbe cèdre sécu-
laire, resté debout au milieu du terrain, semble protester contre l'envahissement des futailles, qui ne tarderont
pas à remplacer la verdure, les fleurs, la vigne (?) et les
bosquets..... ces bien-aimés témoins de mon enfance.

Comme ce cèdre appartient à la Ville, qui est devenue
propriétaire du Petit-Château, il ira rejoindre, l'automne
prochain, ses jeunes camarades — aux Buttes Chaumont.

On arrive de la grande rue de Bercy à la grille du
Petit-Château, par une longue avenue bordée d'arbres
de chaque côté, autrefois désignée sous le nom *d'Allée
des Pommiers*, parce que des pommiers la longeaient à
droite et à gauche dans toute son étendue.

Cette grille ouvre sur une vaste cour, à droite de laquelle vous remarquez le pavillon du concierge, pavillon dont le style est celui du temps d'Henri IV.

Dans cette cour, montent majestueusement vers le ciel de grands marronniers, dont les opulents et frais ombrages ont vu passer bien des générations.

Si ces arbres pouvaient parler, que de choses ils vous raconteraient, sans omettre les amoureux entretiens auxquels s'abandonnaient dans leurs promenades sentimentales, la grande Mademoiselle (fille de Gaston d'Orléans, frère de Louis XIII), et le duc de Lauzun, qui, dans leurs excursions champêtres, avaient une prédilection marquée pour ce lieu, alors complétement solitaire !

Ces arbres vous diraient encore que le duc de Chartres — qui fut plus tard le roi Louis-Philippe — vint bien des fois dans sa première jeunesse égarer sous leur épais feuillage ses rêveries, qui commençaient déjà sans doute à se teindre des sombres couleurs de la révolution, dont il pressentait les prochains et sanglants orages.

Le grand potager du château a fait place à un entrepôt de vins, dont M. Abel Laurent, ancien agent de change, est devenu propriétaire.

Sur l'emplacement de l'ancien jardin anglais, ont été percées les rues Gallois, Laroche, Léopold, Saint-Louis et Sainte-Anne.

M. Gallois, à qui appartenaient ces rues, leur donna à chacune un nom se rattachant à sa famille.

Son nom était *Louis;* le lieu de sa naissance, Laroche (Yonne).

Madame Gallois s'appelait *Anne,* et leur dernier enfant *Léopold,* excellent jeune homme, mort à vingt-trois ans, à Marseille, après six mois de mariage.

Le n° 3 de la rue Laroche, qui n'était connu, il y a vingt-cinq ans, que sous le nom de *Maison jaune,* à cause de sa couleur, servait de logis aux gens du château, particulièrement aux palefreniers, qui avaient leurs écuries à l'entour.

Derrière cette maison, était le petit potager, remplacé

par des magasins de vins; il est traversé maintenant par le passage Beaujolais.

Revenons à M. Gallois.

M. Louis Gallois, l'un des premiers propriétaires-négociants de Bercy, expédiait ses vins des vignobles en bateaux.

Ces bateaux s'arrêtaient à l'endroit dit les *Deux-Lions*, en face le château du Grand-Bercy.

C'est là qu'il venait vendre sa marchandise pour s'en retourner dans les vignobles faire de nouvelles acquisitions.

Le commerce n'opérait guère autrement dans ce temps-là.

M. Gallois, après avoir, c'est le cas de dire, mené sa barque avec autant de succès que d'habileté à travers tous les écueils du négoce, prit terre à Bercy, où il acheta plus tard le Petit-Château.

Le 20 décembre 1815, M. Gallois fut nommé maire de Bercy; mais il ne conserva pas longtemps cette fonction, ce qui lui permit d'accepter celle de juge au tribunal de commerce de la Seine.

Il avait été nommé chevalier de la Légion d'honneur.

Enfin, fatigué des affaires, M. Gallois se retira à Paris, d'où il venait chaque année passer la saison d'été dans sa jolie maison de campagne de Draveil-la-Folie (Seine-et-Oise).

Ce fut là qu'il mourut, à l'âge de soixante-quinze ans, laissant deux fils : l'un, M. Jules Gallois, comte de Naives, décédé depuis; l'autre, M. Félix Gallois, qui vit de ses revenus en Normandie.

La dépouille mortelle de M. Louis Gallois repose au cimetière de Bercy.

7 juillet 1869.

XVI

La berge. — Guérites, bureaux et tentes-abris. — Mois
bénis. — Les petits bourgeois.

On désigne, à Bercy, sous le nom général de berge,
l'espace qui s'étend entre le pavé du port et le fleuve.

Cette langue de terre, longue d'un kilomètre, large de
trente mètres environ, est d'une grande utilité pour le
commerce. Ancienne propriété communale, elle lui est
abandonnée gratuitement dans un quartier où l'espace
est précieux et cher. Chaque négociant peut y faire décharger des vins et les y laisser le temps que bon lui semble, sans qu'il y ait d'emplacement plus particulièrement
affecté à l'un qu'à l'autre ; toutefois, une convention ta-
cite fait que les différentes maisons occupent seulement
la partie de grève située en face de leurs bureaux et
principal établissement.

Le fisc — nous apprend l'auteur anonyme d'une étude
sur Bercy, et que nous soupçonnons fort être un jeune et
spirituel employé des contributions indirectes — a fait de
la berge une ville à part dans Paris et dans Bercy même.

Les marchands et les vignerons eux-mêmes peuvent y
amener leurs vins par bateau et par terre, sans acquitter
tout d'abord, et avant la vente, les droits dus à la ville et
au trésor. Mais de ce privilége ressort nécessairement une
foule d'embarras, pour les négociants surtout.

Les employés des contributions indirectes tiennent un
compte spécial des marchandises que les commerçants
possèdent sur berge, à part leur compte ordinaire. Il en
résulte que ces derniers ne peuvent faire traverser la rue
à leurs vins, pour aller de leurs magasins à la berge ou de

la berge à leurs magasins sans se munir du papier administratif que l'on nomme acquit-à-caution. De là aussi la présence de ces nombreux agents de l'octroi, dont les guérites et les bureaux s'échelonnent tout le long du port, avec les *tentes-abris* des marchands et des courtiers, les kiosques ou bureaux des voituriers, etc.

Dans l'été, la berge est presque abandonnée. Bien peuplée encore de vins au printemps, elle devient de plus en plus déserte jusqu'à l'époque des grandes chaleurs. Alors on ne voit, le long de l'eau, que des pêcheurs à la ligne, debout sur le quai, ou installés sur tous les points de quelques bateaux amarrés à la rive; souvent il arrive que, après trois heures d'attente, le pauvre pêcheur se retire désolé, en maudissant les *petits bateaux-mouches* qui nuisent à l'hameçon. Mais, à l'automne, tout change. Quand les coteaux sont bien dépouillés de raisins, que le pampre est mort, que les cuves ont été versées dans les tonneaux, la berge se charge de richesses... alcooliques, et aucun vignoble de France... et de Navarre ne pourrait lutter avec elle.

Octobre, novembre, décembre, voilà les mois favorables à la berge! En ces mois bénis, elle redevient presque telle qu'elle était pendant les beaux jours, alors surtout que la Seine, reliée par les canaux à tous les fleuves et rivières de France, amenait, à Bercy, tous les vins que Paris et le Nord consommaient; que les chemins de fer de Lyon et d'Orléans n'existaient pas; qu'une flotte de bateaux-porteurs couvrait le fleuve, et que, au lieu du sifflet étourdissant des locomotives, l'on n'entendait que les cris de manœuvre des mariniers.

Si ce mouvement, cette vie ont diminué, ils sont grands encore à chaque automne. La mi-octobre n'est pas venue, que déjà la berge s'est couverte. Le trop-plein des magasins et des caves s'y déverse: les piles de fûts divers s'entassent, s'exhaussent, se pressent au point qu'il devient difficile d'aller du port au fleuve. En même temps, les lourds bateaux arrivent sans cesse, élevant à peine au-dessus de l'eau leur carcasse grossièrement chevillée.

Vins de la Loire, du Cher, du Mâconnais, de la basse Bourgogne, etc., etc., venus dans la Seine, les uns par la Loire et le canal de Briare, les autres par la Marne, chargent ces lentes bagarres de leurs fûts de toutes formes. — Arrière maintenant les pêcheurs, les promeneurs, les oisifs!... la berge appartient aux *débardeurs*, aux *dérouleurs*, comme on dit éloquemment à Bercy.

On éprouve du plaisir, en voyant tous ces Parisiens des barrières à la besogne, dès six heures du matin. Enfants perdus d'une réputation plus vieille que bonne, on aime à les regarder travailler, roulant les fûts du bateau à la rive, sur des madriers flexibles et longs, munis de grappins, qu'ils jettent en ponts-volants et nomment dès *chemins*.

Presque toujours l'été a été mauvais pour eux; la Seine était *basse* et ils ont chômé; aux mauvais jours, ils ont fait de mauvais dîners... Aussi sont-ils contents, alertes et empressés. Que voulez-vous, ils sont reconnaissants, ces braves gens, envers le travail, et la fatigue ne les effraye pas!

Une bonne partie des vins débarqués des bateaux a été achetée par les marchands de Bercy, au pays ; une autre partie leur est envoyée par les récoltants; ils en chargent leur compte, les vendent et en adressent le produit aux expéditeurs, sous déduction de tous les frais de *commission*.

Mais il est des *récoltes* que les propriétaires sont venus vendre eux-mêmes, beaucoup dans la pensée que, de cette manière, ils gagneront largement le coût de leur voyage, quelques-uns pour la distraction du voyage lui-même.

Les petits bourgeois viennent s'approvisionner auprès de ces vignerons, et ceux-ci les accueillent avec plus de franchise et d'abandon qu'ils n'accueillent les marchands de profession, par lesquels ils craignent d'être *surpris!* Rusés eux-mêmes, ils ont peur de la ruse. On les voit toute la journée, offrant leur vin aux passants, ou bien assis sur leurs *feuillettes*, réfléchissant et fumant. Ils ont do grands chapeaux sur leurs cheveux qu'ils portent longs, comme tous les paysans, principalement lorsqu'ils arrivent à l'âge mûr.

Leurs traits sont maigres, anguleux, tannés par le soleil, le vent et les pluies; ils se sentent étrangers à cette ville qui bourdonne tout près, à ces hommes autrement vêtus qu'eux, dont les allures sont autres que les leurs; on devine qu'ils s'ennuient et qu'ils ont hâte de vendre leurs vins et de s'en retourner au pays avec les quelques pièces d'or, prix de leurs fatigues et de leurs soins.

Cette longue berge, ces fûts innombrables qui exhalent l'odeur des pressoirs ; ces *bons vignerons*, le fleuve roulant à pleins bords, Paris à deux pas, un blond soleil d'automne, tout cela forme un tableau magnifique qui mérite les honneurs du *Salon...* et je vote pour le *grand prix !...*

18 août 1869.

XVII

La grande rue de Bercy. — Le pacte de famine. — Le Prévot
de Beaumont. — La cour des crimes. — La mairie et
l'église. — Les chanoinesses.

Depuis l'établissement du chemin de fer de Lyon, la
grande rue de Bercy a bien changé de physionomie.

Ainsi, à partir de l'ancienne barrière jusqu'à la rue
Nicolaï, le côté gauche de la rue de Bercy était bordé,
dans tout son parcours, d'une rangée de maisons de plus
ou moins belle apparence, occupées soit par des négociants en vins, soit par des boutiquiers commerçants.

Entre les rues de Charenton et de Bercy, s'étendaient,
à la même époque, des jardins généralement exploités
par des maraîchers; mais, jardins et maisons, le chemin
de fer a presque tout envahi, sur une superficie qu'on
peut évaluer à 120,000 mètres.

La grande rue de Bercy n'a jamais brillé par sa pro-
preté; et la raison en est très-simple : les nombreux voi-
turages du commerce des vins et du camionnage des
marchandises amenées du chemin de fer de Lyon dans
Bercy ont rendu très-difficile l'entretien de cette voie,
où les bottines vernies de nos élégants et de nos élégantes
ne pouvaient impunément s'aventurer que lorsqu'il
gelait, comme on dit vulgairement, à pierre fendre, ou
qu'un clair soleil rayonnait au ciel. Un des bâtiments
de l'ancienne barrière de Bercy a été réservé pour la
justice de paix du XII\ arrondissement; celui qui lui
fait face a été converti en un poste de police.

En arrivant à Bercy, vous remarquez, au nº 109 de la
grande rue, une spacieuse cour, à gauche de laquelle
s'élève une maison dont quelques parties, et notamment

les croisées encadrées de briques, nous rappellent un temps bien éloigné de nous.

Cette maison appartenait à Le Prévot de Beaumont, le courageux adversaire du *Pacte de famine*, dont M. Elie Berthet dans le journal *le Siècle*, MM. Paul Foucher et Elie Berthet, sur la scène de la Porte-Saint-Martin, nous ont dessiné avec un rare bonheur d'exécution, il y a plus de vingt ans, l'intéressante et dramatique figure.

Au moment de la Révolution, la maison et ses dépendances étaient occupées par des chanoinesses ; et, vers 1830, on ne fut pas médiocrement étonné d'y découvrir — dans des *vade in pace* sans air, parmi des ossements humains — des carcans, des chaînes et autres instruments de torture.

Avancez de quelques pas, et, au n° 95, vous apercevrez un bâtiment d'un seul étage et du plus misérable aspect, percé, sur la rue, de douze croisées borgnes et d'une porte cochère dont plus d'une vacherie normande aurait honte.

Cette porte donne entrée dans une vaste cour dont une vieille maison à deux étages avec mansardes forme le fond; et un affreux pêle-mêle de chétives masures, les deux ailes.

Cette cour n'a longtemps été connue que sous le nom de *Cour des crimes*. Pourquoi ? S'y était-il donc passé quelque tragique aventure ? Non, mais elle avait pour locataires de pauvres diables, de mine si hétéroclite sous leurs fangeuses guenilles, que vous l'eussiez prise pour le redoutable repaire d'une bande de *rôdeurs de barrière*, ou tout au moins pour une succursale de cette étrange *Cour des miracles*, dont Victor Hugo, dans son immortelle *Notre-Dame de Paris*, nous a tracé une si vivante et si admirable peinture.

Cette propriété, maison et cour, fait partie des terrains que la *Société civile* (succession du baron Louis, ancien ministre des finances sous les rois Louis XVIII et Louis-Philippe) a vendus, il y a quelques années, à la ville.

Les locataires ont reçu congé : on va démolir le tout

pour commencer des constructions qui doivent être faites au profit du nouvel entrepôt dont nous avons entretenu déjà nos lecteurs.

Au nombre des terrains que, pour les nécessités de son service, a, de son droit de suzeraineté légale, revendiqués, et que s'est incorporés l'administration du chemin de fer de Paris à Lyon, se trouve feu la rue de la *Planchette*, dont l'ombre ne nous pardonnerait pas, si nous ne la saluions pas, chemin faisant, d'un mot de souvenir en manière d'oraison funèbre.

Cette rue — qu'on nous passe cette expression — prenait sa source à l'ancien n° 38 de la rue de Bercy, et avait son embouchure à la barrière de Charenton.

Les maisons y étaient infiniment plus rares que les jardins, et dans ces jardins, Vertumne et Pomone (mythologiquement parlant) comptaient beaucoup plus d'autels que Flore ; car, en gens positifs et sachant le prix de l'argent, les Corydons et les Amaryllis en sabots qui les cultivaient, allaient, chaque matin, prosaïquement en vendre, sous forme de fruits ou de légumes, selon la saison, les nourrissants produits, sur le carreau des halles.

La place de l'Église débouche sur la grande rue de Bercy, en face des anciennes propriétés Durnerin ; à cette place, que rien ne recommande à l'attention, attiennent la mairie du XII° arrondissement, les écoles communales et la salle d'asile, qui n'ont rien non plus de remarquable. Le besoin se fait chaque jour sentir d'édifier une nouvelle mairie au centre de l'arrondissement, qui compte plus de 80,000 âmes, et nous faisons des vœux pour que ce qui est aujourd'hui à l'état de projet, dans les bureaux de la ville, se réalise au plus tôt..... (1).

La mairie, les écoles communales et la salle d'asile, dont M. Libert fils aîné, ancien maire de la commune de Bercy, avait vainement sollicité, pendant plusieurs an-

(1) Nos vœux ont été exaucés, puisque l'on construit la mairie, avenue Daumesnil, à l'angle de la rue de Charenton.

nées, la construction, furent commencées en 1844 et terminées au mois de juillet de l'année suivante. Ce fut M. le comte de Rambuteau, alors préfet de la Seine, qui posa la première pierre de la mairie.

La construction de l'église de Bercy remonte à l'année 1823. La première pierre en fut posée, le 8 juin de cette année, par M. le comte Chabrol de Volvic, préfet du département de la Seine, après avoir été bénite par monseigneur Hyacinthe-Louis, comte de Quélen, archevêque de Paris, pair de France : MM. le comte Nicolaï étant maire, Tricot, adjoint; Demouchy, curé; Cabanis, Cléris, Duflocq, Gallois, Garby, Husson, Richard, conseillers municipaux.

Avant cette époque, on disait la messe à la chapelle du Grand-Château de Bercy; ensuite, et jusqu'à l'achèvement de l'église (1827), on la célébra à une petite chapelle contiguë à l'ancienne fabrique de cristaux de M. Paris.

Cette fabrique va disparaître pour faire place à des magasins de vins.

On pourra dire, une fois les constructions achevées, que le *liquide* remplace le *solide!*.....

15 septembre 1869

XVIII

Le pays vineux.— Les types de Bercy. — Rocher.— Propos
de table. — L'acquisition d'un nez. — Le marché résilié.

Les vendanges sont terminées dans une grande partie
de nos vignobles; nous buvons des vins nouveaux depuis
bientôt un mois; *la carafe* est remplie, chaque jour, de
bon vin blanc de Bergerac, liquoreux comme un sirop de
première qualité; nos restaurants débitent le gibier; nos
négociants débitent le liquide... et personne ne s'en
plaint, — pas même le client, qui est choyé par son vendeur et son courtier...

Ah! dame, il faut avoir soin des amis!.....

Bercy possède une excellente réputation, *sous ce rapport*, et je vous engage, chers lecteurs, à lui faire les
honneurs d'une visite, lorsque vous pourrez disposer
d'une demi-journée.

Ce pays *vineux* a des droits à la reconnaissance des
bons estomacs et des fines fourchettes... qui l'ont vi-
sité! ! !

En arrivant sur le quai de Bercy, vous trouverez de
bons types, ignorés, sans doute, de Cham.

Vous apercevrez le marchand au visage couleur lie de
vin, à la taille ronde comme un tonneau; le commis qui,
n'ayant rien à faire... quelquefois, passe son temps à
dévorer des yeux les gentilles promeneuses..... Les co-
quins!... les scélérats!... Méfiez-vous-en, c'est moi qui
vous le dis!...

Ayant besoin d'une bonne pièce de vin, je me rendis
directement chez mon ami Henri B..., un de mes vieux
amis, qui fait le commerce de gros à Bercy.

Après avoir dégusté plusieurs sortes de vins. je m'arrêtai au bordeaux.

A vous parler franchement, j'ai trouvé le vin excellent ; mais.... si c'est du *bordeaux* né à Bercy, tant pis pour mon ami ; il aura à rendre compte de ses actions au grand maître des maîtres... Quant à moi, je lui donne l'absolution s'il m'a trompé ; n'est-ce pas un ami ?...

Dans tous les cas, il s'entend parfaitement à l'organisation d'un déjeuner.

— Allons, me dit-il, au *Rocher de Cancale*, nous mangerons des huîtres, si tu les aimes ; d'ailleurs nous serons quatre à table ; car j'ai invité deux voisins, MM. Prosper... et Léon... ; l'un négociant et l'autre courtier...

Nous nous trouvâmes donc quatre à table, et je vous assure que nous ne nous fîmes pas de mauvais sang.

Que nous fallait-il de plus ? Bonne nourriture, bon vin, excellente maison ; en vérité, nous n'avions rien de mieux à désirer.

Notre déjeuner, commencé à midi, dura jusqu'à six heures du soir.

Les bavards !... Et puis, l'on est si bien à l'aise, chez Philippe !... Entrez au *Rocher*, et vous entendrez des conversations fort agréables, parfois très-intéressantes.

Pendant votre déjeuner vous saisirez à une table voisine de la vôtre le colloque suivant :

— Il est convenu que vous m'enverrez mes dix pièces demain, sans faute ; vous savez que j'en ai un pressant besoin ?

— Comptez-y, mon cher !...

— A propos, n'oubliez pas de passer la pièce de vin blanc vieux sur les neuf pièces bordeaux ; la couleur de ce vin est trop foncée...

— C'est entendu !... Ah ! vous avez là du vin qui *fera bien votre affaire* (sic) : je vous engage à m'en retenir vingt pièces semblables ; ce genre de vin est très-recherché en ce moment, et je crains bien de ne plus en avoir le mois prochain (sic).

4.

— Ma foi, non ; pour l'instant, je m'abstiens ; je préfère attendre, car je crois à la baisse...

— Oh ! que non ; n'y comptez pas. Les prix se soutiendront encore longtemps...

— C'est possible ; mais voyez donc le beau temps ! La température est très-douce ;, l'oïdium a disparu ; nous venons d'avoir des pluies bienfaisantes. Il est avéré que la récolte de cette année sera équivalente à celle de 1868 ; et vous autres... gros marchands, qui nous faites payer le vin si cher... vous serez bien obligés de diminuer vos prix...

— Allons, ne vous plaignez pas ; je viens de vous faire profiter d'une bonne occasion ; je vous ai vendu ces dix pièces trop bon marché : je vous défie de trouver de pareil vin à 135 francs dans Paris, — et vous le payez 130 francs !!.. et je vous paye, par-dessus le marché, des escargots...

— Faudra-t-il coller le vin ?

— Non, non ; je ferai cette *opération* (?) chez moi...

Certes, voilà une conversation assez intéressante ; mais elle ne vaut pas celle-ci :

— Monsieur (c'est un commis qui parle à son patron), le voiturier vient pour enlever les vins de M. *Boileau* (?); où faut-il prendre du vin (?) pour remplir les trois pièces Roussillon ?...

— Prenez sur la vidange... du numéro..... 20, vous savez..., cette pièce double-barre marquée P. B...

C'est ce qui nous prouve, chers lecteurs, qu'il n'y a rien de perdu... à Bercy !... Mais revenons à notre déjeuner.

Benoît, premier aide de camp de la maison Philippe, continue son service avec cette habileté que lui connaissent les habitués de l'endroit. Mon ami Henri B..., farceur s'il en est un, est animé... de bonnes intentions à l'égard de ses convives ; à tout moment, il remplit les verres en disant :

— Ah ! çà, messieurs, vous ne buvez pas ! mais buvez donc !

Me voyez-vous, moi, habitué à boire de l'eau rougie, obligé d'imiter des buveurs de cette force?

Enfin, une fois n'est pas coutume; aussi me laissai-je aller à la gaîté générale; je dis générale, parce que j'avais affaire à de bons vivants (ils le sont tous à Bercy) !

M. Prosper... me pardonnera l'indiscrétion que je vais commettre à son endroit; du reste, ses confrères connaissent l'excellence de son caractère. Jamais il ne se fâche quand on le plaisante sur son nez, qui ressemble à une belle pomme de reinette, recouverte de petits boutons plus rouges les uns que les autres. Avec un tel ornement au milieu du visage, on est l'objet, évidemment, de la curiosité générale.

Donc, je ne cessai de regarder mon vis-à-vis pendant tout le temps du déjeuner.

M. Léon... mon voisin de gauche, qui n'engendre pas non plus la mélancolie, finit par me dire :

— Ah çà! que vous a donc fait mon ami Prosper? Serait-ce, par hasard, à son nez que vous en voudriez?... Ma foi! je serais tenté de croire que vous désirez le lui acheter.

— Et pourquoi pas? répondis-je; si M. Prosper y consent, je fais acquisition de son nez...

— Eh bien! oui, je vous prends au mot!... mais à une condition, c'est que Léon sera courtier dans l'affaire, et que vous déposerez entre ses mains un billet de 500 francs, lequel sera compté plus tard à mes ayants droit; car vous ne prendrez livraison de mon nez qu'après ma mort. Peu vous importe, j'ai le double de votre âge; je vais atteindre soixante-douze ans ; j'ai beaucoup d'infirmités... le sang me tourmente... Allons, c'est dit, n'est-ce pas?

Je commençais à me gratter l'oreille, tout en me demandant où, avec mes modestes revenus de chroniqueur, je pourrais bien trouver 500 francs, lorsque mon ami Henri B... me glissa adroitement un billet de banque dans la main en me faisant signe d'adhérer.

Décidément, je ne pouvais plus reculer.

— Le marché est conclu, monsieur Prosper, lui dis-je ; tapez là, c'est une affaire entendue.

En même temps, je remettais à M. Léon, sur son reçu, les 500 francs demandés.

— Eh bien, messieurs, se mit à dire M. Prosper, vous me permettez de payer la carte ? Après la conclusion d'un semblable marché, je puis bien, en vérité, vous offrir à déjeuner.

— Et moi, poursuivit M. Léon, je tiens à payer le café ; passons à l'estaminet.

Et chacun de se lever, et chacun d'allumer un londrès en se rendant au billard.

J'avais bien l'intention de proposer une partie à mon ami Henri...., mais le billard étant occupé par M. Philippe, qui *s'exerçait* avec son ami Gustave, je dus m'abstenir et me contenter de regarder jouer.

J'assistai à une partie fort intéressante. M. Philippe faisait dix, quinze carambolages sans s'arrêter... et, comme on dit vulgairement, il *brossait* son adversaire...

Tout en examinant les joueurs, je ne m'apercevais pas qu'il se faisait tard... Je demandai à mon Henri B... la permission de me retirer, et j'étais sur mon départ, lorsque M. Prosper... me dit :

— Attendez encore quelques minutes... nous nous en irons ensemble...

— D'ailleurs, ajouta M. Léon..., avant de nous séparer, il est nécessaire que je remplisse une formalité ; ma qualité de courtier m'oblige à régulariser le marché qui vient d'être conclu.

Ce disant, M. Léon..., armé de sa rouanne, s'avança près de M. Prosper... en l'invitant à ne pas bouger.

— Ah ça ! où voulez-vous en venir, monsieur Léon ?

— Mon Dieu, monsieur Prosper, ne vous fâchez pas et laissez-vous faire ; vous savez bien que, quand je vous achète une pièce de vin, j'applique ma rouanne sur cette pièce, afin de pouvoir la reconnaître au moment de la livraison.

Or, par mon entremise, M. Maxime vient d'acheter

votre nez ; il en prendra possession après votre décès ;
c'est vous-même qui avez posé cette condition *sine quâ
non;* il est donc de toute justice que je marque votre
nez ! Allons ! voyons, approchez ...

Mais, au lieu d'approcher, M. Prosper reculait en portant les mains à son visage.

J'assistais à une véritable comédie. Une vingtaine de
consommateurs formaient le cercle autour de nous.

Tout le monde riait, à l'exception, cependant, de
M. Prosper, qui demeurait impassible.

Mon ami Henri B... battait des mains.

— Monsieur Léon, s'écria M. Prosper, je ne souffrirai
pas plus longtemps une plaisanterie aussi ridicule !...

— Alors, puisque vous refusez, le marché devient nul,
et je rends à M. Maxime les 500 francs.

M. Prosper en fut quitte pour avoir payé un bon déjeuner, et M. Léon pour nous avoir offert le café. Quant à mon
ami Henri B..., il nous offrit... de prendre l'air ; et je ne
me fis pas prier deux fois, car j'avais hâte de m'esquiver.

Il était huit heures du soir, et j'avais oublié que j'étais
invité à dîner, à six heures, chez mon collaborateur
Frédo !...

Décidément, cher lecteur, on ne s'ennuie pas à Bercy !...

6 octobre 1869.

XIX

Le résultat des vendanges. — Les vins de Suresnes. — Consommation de Paris. — Marché de Joigny et Louis XIV.

On connaît maintenant le résultat des vendanges dans nos grands vignobles, — ceux d'*Argenteuil* et de *Suresnes* compris.

Partout, croyons-nous, la récolte a été bien supérieure à celle sur laquelle on comptait, au double point de vue de la quantité et de la qualité, ce qu'il faut attribuer aux pluies et à une température tout à fait favorables. En ce qui concerne le Midi, la récolte est, dit-on, plus abondante que l'an dernier ; les avis sont un peu partagés relativement à la qualité. Les coteaux ont donné du bon ; les plaines, au contraire, laissent à désirer. Les vins sont excellents dans le Mâconnais ; quelques lots ont été vendus de 50 à 70 francs la pièce de 214 litres (nu).

Dans la Marne, le rendement ne dépasse guère la moitié d'une année moyenne, mais la qualité est bonne.

Les viticulteurs de l'Isère sont généralement satisfaits.

Les cours sont bien tenus dans les environs de Tonnerre : bons ordinaires, 75 à 80 francs les 136 litres.

La récolte est très-médiocre dans le Haut-Rhin ; on ne l'évalue qu'à un dixième d'une année moyenne.

Dans la Gironde, la quantité est satisfaisante, la qualité extrà. A Argenteuil, la récolte a atteint près de cent mille barriques.

Les nombreux petits vignobles qui entourent cette localité, constituent pour elle une source de richesses. Toutefois, ses bénéfices proviennent, non de la qualité, mais de la quantité du vin produit.

Il est bon à boire au bout d'un an ; au delà de ce

temps, il prend, dit-on dans le pays, un petit goût *vieil-lard*. Dans les années abondantes, on a pu se faire remplir une pièce de 215 litres pour 20 francs.

Les vendanges de Suresnes ont été, comme quantité, tout aussi satisfaisantes. Elles donneront un total approximatif de 50,000 barriques de vin ; ce rendement est même supérieur à celui des autres endroits, puisque le vignoble de Suresnes a une étendue moitié moindre que le vignoble d'Argenteuil.

Les vins de Suresnes ont été longtemps recherchés et renommés ; aujourd'hui on les dédaigne. Sommes-nous donc plus difficiles que nos ancêtres, ou ces vins avaient-ils autrefois des qualités qu'ils ont perdues ? La question a été souvent discutée et résolue en sens contraire.

En 1724 et en 1725, de *grands docteurs* soutinrent, en pleine Sorbonne (*in docto corpore*), une thèse publique, pour démontrer la supériorité des vins de Suresnes sur les vins de Champagne et de Bourgogne.

Toujours est-il que le vin de Suresnes a joui autrefois d'une très-grande réputation ; mais on a dit, à tort, que c'était le vin préféré du bon roi Henri IV.

La *Bibliographie agronomique* de M. Musset-Pathai a donné une explication de cette tradition erronée :

« Il y a, dit cet écrivain, aux environs de Vendôme, dans l'ancien patrimoine d'Henri IV, une espèce de raisin, que dans le pays on nomme *Suren*. Il produit un vin blanc très-agréable à boire, et que les gourmets conservent avec soin, parce qu'il devient meilleur en vieillissant.

« Henri IV faisait venir de ce vin à la Cour et le trouvait très-bon : c'en fut assez pour qu'il parût excellent aux courtisans, et l'on but pendant son règne du vin de *Suren*. Il existe encore près de Vendôme un clos de vignes qu'on appelle *Closerie de Henri IV.* »

Il est évident, après cela, que de *Suren* on a fait *Suresnes*. L'histoire mentionne de nombreuses altérations de ce genre.

Quoi qu'il en soit, le vin de Suresnes, près de Saint-

Cloud, n'a plus aujourd'hui qu'une renommée très-limitée. De même que celui de la *Vallée*, il ne peut pas se conserver et on le consomme sur place ; les cultivateurs le détaillent eux-mêmes, à leur domicile, en vertu d'une autorisation spéciale. Aussi Suresnes, une fois les vendanges terminées, se transforme en un immense cabaret, où se rendent, le dimanche et le lundi, d'innombrables cohortes de consommateurs parisiens, jamais *irréconciliables*, lorsqu'il s'agit de fêter Bacchus !...

D'ailleurs, à Paris, la consommation va toujours son *train*. Le mois dernier, il a été consommé 293,000 hectolitres de vin ; 7,800 hect. de cidre ; 28,000 hect. de bière et 10,500 hect. d'alcool. Allons, il y a encore de beaux jours pour Paris !...

Plaignez-vous maintenant de son état continuel de fermentation et de son *esprit fort* ?... De nos jours, le vin est devenu, en France surtout, un besoin à peu près général, et a donné naissance à une industrie, qui est une des sources principales de la fortune publique.

Savants, écrivains, propriétaires, vignerons, producteurs et intermédiaires, tous rivalisent d'efforts pour perfectionner les riches et précieux produits de la vigne.

Nous signalons avec bonheur cette généreuse émulation et l'encourageons de toutes nos forces, puisqu'elle doit avoir pour résultat une production plus abondante, de qualité supérieure, par conséquent une rémunération plus large pour le viticulteur, des revenus décuplés pour l'État, et le bien-être pour tous.

Sur 91 départements français, 78 sont plantés de vignes, dont l'étendue est de 2 millions d'hectares.

Bon ou mal an, les vignerons récoltent 50 à 55 millions d'hectolitres.

On estime qu'il y a, en France, 2,300,000 vignerons. Ils dirigent sur la capitale leurs tonneaux, qui contiennent la force, la gaieté, quelquefois... l'ivresse, et qui viennent s'entasser dans les caves de Bercy et de l'entrepôt.

Après la Toussaint, la plupart des vignerons de la basse Bourgogne et de la Loire accompagnent leurs vins nouveaux jusqu'à Bercy, où ils les mettent en vente par l'intermédiaire des maisons de commerce.

En ce moment, ces braves gens font leur apparition sur la place, et tout porte à croire que la clientèle ne tardera pas à leur permettre de retourner au pays, satisfaits de leur voyage.

Il y a quelque cent soixante-quinze ans, un nommé Martin, vigneron des environs de Joigny, avait pris l'habitude d'*acconduire* ses vins à Paris. C'était un paysan aventureux, très-fort, cité au loin pour sa taille, qui était de sept pieds !....

Tous les ans, vers les premiers jours de novembre, il arrivait et s'installait avec ses fûts, en plein vent, au bord de la Seine, à deux pas des *Deux-Lions*. Les bourgeois des quartiers environnants venaient à lui et faisaient leurs emplettes.

Le vigneron quittait son logis avec une voiture traînée par deux chevaux ; mais un sien neveu l'accompagnait toujours, et s'en retournait au pays, avec le véhicule, chercher d'autres feuillettes, pendant que l'oncle se débarrassait des premières : cela durait tant que le cellier renfermait du vin à vendre.

Qui attirait ainsi le brave homme à Paris ? Gain ou plaisir ? La chronique n'en dit rien ; mais l'on sait que marchands en gros et marchands en détail des environs, qui payaient de gros droits aux *aides* et désiraient tenir leurs marchandises à haut prix, voyaient d'un mauvais œil le trafic du Bourguignon qui, apparemment, cédait les siennes à meilleur compte. On l'injuriait, on le molestait de toute manière. Sans nul doute, il était bon chrétien, car il allait, chaque dimanche, se consoler aux offices de Notre-Dame de Bercy.

Or, il advint qu'un jour Louis de France, quatorzième du nom, se rendit à cette église pour assister à la messe que le géant pratiquait avec tant de dévotion.

Ce fut fête solennelle, vous le pensez bien. Le moment de l'office où l'assistance se lève, ceux où elle s'assied d'habitude avaient été supprimés ; que le prêtre récitât

le *credo* ou entonnât le *sanctus,* les gens de Bercy se tenaient respectueusement à genoux devant le roi plus que
devant Dieu !...

En promenant ses yeux sur la foule prosternée de ses
sujets, le roi remarqua, au-dessus de toutes ces têtes
courbées vers la poussière, la tête et le buste d'un fidèle
qui évidemment se tenait debout. — Sans doute, ceux
qui s'appliquaient à surprendre un désir des yeux de
Louis XIV, y lurent distinctement la surprise, sinon la
colère.

Le suisse, à un signal de son pasteur, alla vers cet
homme qui osait bien ne pas user ses culottes sur les
dalles : celui-là n'était autre que notre Bourguignon.
Mais on le trouva posé sur ses genoux et marmottant ses
prières. On ne pouvait lui imputer à crime d'avoir la
taille de Goliath, en face de Louis XIV, dit le *Grand !*...

Après la messe, le roi se fit amener le géant qui, en
véritable paysan avisé, profita de la circonstance pour
se plaindre des tracasseries qu'il essuyait de la part
des marchands de l'endroit. Le monarque lui promit
qu'elles cesseraient, et l'autorisa, séance tenante, à venir
vendre et débiter, tous les ans, ses vins sur la grève de
la Seine, comme il le voudrait, et en pleine franchise de
droits. Le Bourguignon n'eut garde de ne pas user de
cette charte royale ; il fonda un établissement fixe, y ins-
talla sa parenté et *grandit...* en fortune. De là Bercy, qui,
lui aussi, grandit successivement, puisqu'il est aujour-
d'hui le premier marché aux vins du monde !...

6 novembre 1869.

XX

Nécrologie de 1869. — Fin d'année. — Revue générale. —
Les restaurants. — Les déjeuners. — Le grand négociant
à Bercy. — Les courtiers. — Le petit négociant.

Encore quelques jours, et 1869 aura vécu, non pas ce
que vivent les roses — l'espace d'un matin — mais ce que
vivent les années, l'espace de douze mois ; et, avouons-le,
ils auront été, cette année, d'une étrange originalité.

Les saisons ont beaucoup influé sur son caractère ; ce
sont de grands coupables !... Oui, 1869 va disparaître du
calendrier ; mais il restera gravé dans notre mémoire :
impossible d'oublier ses mauvais jours.

Le commerce et l'industrie ont beaucoup souffert pendant la plus grande partie de l'année.

A qui la faute ?

Aux circonstances exceptionnelles dans lesquelles on
s'est trouvé.

Élections, vérification des pouvoirs, réunions turbu-
lentes, discours incendiaires, émeutes — *blanches* — heureusement !...

Réélections : conséquemment *re*-réunions, *re*-discours ;
démonstrations des démagogues *avinés* et autres démo-
lisseurs... en chambre !... Enfin, une succession non interrompue d'agitations de toutes sortes, tel est le bilan
de 1869.

Maintenant nous voilà plus *calmes*, sous tous les rapports ; car, depuis un mois, Bercy est aussi triste que son
voisin l'entrepôt du quai Saint-Bernard. Le commerce
de détail manque de consommateurs et n'achète que le
strict nécessaire.

Et puis, disons-le, chacun est occupé à ses règlements de comptes, à ses inventaires de fin d'année (oh ! les inventaires !), de sorte que les joyeux et *légers* (?) négociants de Bercy se permettent quelques *exercices* au *Rocher de Cancale*, moyen très-agréable de protester contre la mévente, les brouillards, les pluies... et les éclaboussures des *omnibus*.

Le quai est si large !... Et les trottoirs, donc !... *Un mètre* de largeur, ni plus ni moins !... Admirez-le, ce quai *alcoolisé*, avec les *barrières-spectacle* — tout comme à l'Ambigu — qui le séparent, en partie, de la berge !...

Quelle heureuse invention !...

Ne fallait-il pas donner satisfaction à son Excellentissime l'Octroi ?... C'est que le grand jour approche où l'exercice à domicile aura vécu. En effet, en vertu de la loi sur l'annexion des communes suburbaines à la capitale (décret du 12 février 1859), la faculté d'entrepôt à domicile cessera le 31 décembre 1869. La ville, représentée par la Compagnie Moranvillé, prend en ce moment toutes les dispositions nécessaires à la transformation de Bercy en entrepôt réel. Quelques journaux, en parlant de la création de ce futur entrepôt, ont commis plusieurs erreurs qui se trouvent rectifiées par un *communiqué* qui rétablit ainsi la vérité des faits :

Depuis cinq ans, la ville a acquis à Bercy les propriétés les plus importantes, en vue de la création d'un nouvel entrepôt, et ces propriétés vont être, au 1er janvier 1870, converties en entrepôts réels provisoires. D'autres locaux seront mis, au même titre, à la disposition du commerce dans les caves que la Compagnie possède près du pont Napoléon et dans les constructions qui s'élèvent à la gare d'Ivry, près de la voie ferrée d'Orléans. Quant aux immeubles non acquis à Bercy, il est bien certain que les occupants actuels (dont les baux expirent d'ailleurs à la fin de l'année), s'ils veulent continuer à jouir de la faculté d'entrepôts, devront s'installer dans les entrepôts provisoires mis à leur disposition ; ce serait pousser bien loin la protection des intérêts publics que d'obliger la ville à acquérir tous les immeubles occupés par le commerce des vins, si exorbitantes que puissent être les prétentions des propriétaires, dans la seule crainte de déranger les négociants qui les occupent.

Enfin, les allégations relatives au projet de traité passé avec la Compagnie des Magasins généraux pour la création et l'exploitation de l'entrepôt de Bercy sont totalement erronées. En effet, les modifications réclamées par le conseil d'État ont été votées par le conseil municipal et acceptées par la Compagnie des Magasins généraux, qui est toute prête à exécuter le traité, lorsqu'il aura été approuvé par le Corps législatif. En outre, il n'a jamais été question de garantir un minimum de revenu à la Compagnie concessionnaire, mais seulement de l'autoriser à percevoir des tarifs dont la fixation, dans la pensée de l'administration municipale, devait appartenir au préfet de la Seine. C'est sur ce dernier point seulement qu'a porté la divergence entre la ville et le conseil d'État, qui a pensé que cette fixation devait ressortir à l'autorité ministérielle. Quoi qu'il en soit, c'est la ville de Paris qui fait exécuter directement, avec ses propres ressources, les travaux nécessaires pour établir les locaux provisoires destinés au magasinage des vins, et qui les exploitera elle-même, tant que le projet de traité, dont il a été question ci-dessus, n'aura pas été approuvé.

Ainsi, le 1ᵉʳ janvier prochain, les contributions indirectes auront dit adieu au commerce ; Sa Majesté l'Octroi viendra lui souhaiter une *bonne* et *heureuse* année, — en interdisant la circulation des *carafes*... ce sera difficile à *digérer* (?)...

Les restaurateurs n'en continueront pas moins à faire leurs petites affaires... Ils savent bien que les négociants ne peuvent se passer de leur cuisine !...

Donc, salut au *Rocher*, au *Sapeur*, aux *Marronniers*, au *Cercle* et à la *Terrasse !*

N'est-ce pas à table — entre la poire et le Camembert — que la majeure partie des affaires, de vente surtout, se noue et se dénoue !

En visitant ses clients — le dimanche — le marchand leur donne rendez-vous pour un jour de la semaine, à dix ou onze heures du matin, c'est-à-dire pour déjeuner.

Au reste, les détaillants connaissent et prisent assez les coutumes de la place pour se passer d'invitation : ils arrivent à jeun ; on les accueille par de chaudes poignées de main ; le marchand tire de sa poche sa tasse d'argent et son foret ; on boit une ou deux *tassées* de vin blanc ; on cause, on goûte par-ci par-là, mais on ne traite rien sérieusement. Voici l'heure du déjeuner ; on se dirige vers le restaurant.

Le repas est copieux, bon, largement arrosé, et du meilleur ; les âmes s'épanouissent, la confiance fleurit au cœur des acheteurs les plus récalcitrants. C'est à peine si l'on parle de l'affaire qui les amène, et pourtant elle se trouve conclue entre deux gaudrioles ! Quand on a humé les dernières gorgées de café, il ne reste plus qu'à fixer le jour où il faudra expédier la marchandise.

D'ailleurs, tout semble, dans ces restaurants, se passer en famille ; on ne prend pas place, ainsi qu'ailleurs, autour de la première table inoccupée, jusqu'à ce qu'un garçon, plus ou moins empressé, veuille bien vous présenter la carte du jour. Non. Les provisions sont étalées aux regards des clients : on fait soi-même son menu *de visu*, avant la cuisson, et on porte au *chef*, qui n'a plus qu'à le préparer, l'objet de son choix.

En vérité, je vous le dis, il n'est pas possible de mieux déjeuner autre part qu'à Bercy.

Benoît et Théophile sont les deux vétérans des garçons de salle... et de cabinets, et l'ancienne jeunesse du commerce rend encore hommage à leur mérite et à leur — *discrétion* d'une autre époque.

Le grand négociant n'habite point Bercy, mais Paris même. Il affectionne les quartiers de l'île Saint-Louis, dont les anciens hôtels nobiliaires lui permettent d'épandre à son aise ses appartements et ses bureaux ; aussi est-ce là qu'il fait ses payements.

Il y a plusieurs heures que sa maison fonctionne, travaille, expédie, produit, lorsqu'il arrive en coupé à Bercy. Il jette un coup d'œil sur les magasins, les ouvriers, les commis, puis il se rend au café-restaurant pour déjeuner ou pour jouer : il est de deuxième force au billard, jeu qu'il préfère à tout autre.

Il est affable, prévenant comme un marchand, avec quelque raideur et le sentiment de son importance, ainsi qu'il sied à un homme qui possède un ou plusieurs millions.

Le soir, vers cinq heures, son cocher le vient prendre et il part au milieu des coups de chapeaux de ses confrères de la place, et des courtiers qui ne vont pas tarder à quitter aussi le port.

Le courtier est l'intermédiaire du marchand en gros et du marchand en détail. En principe, sa fonction est bien simple : il est l'homme de confiance du débitant. pour le compte duquel il choisit et achète les diverses espèces de vins, au meilleur marché possible. Le négociant, chez lequel il a marqué de sa rouanne les fûts dont sa clientèle a besoin, lui doit une commission de 3 francs par pièce ou de 1 fr. 30 c. par hectolitre. Mais le courtage enveloppe bien des genres de commerce et de spéculation ; nombreuses sont les remises du courtier en renom, nombreuses les séductions qui l'entourent !

Il en est quelques-uns qui gagnent, dit-on, jusqu'à 100,000 francs par an !

Tant mieux pour eux ! ce qui rentre d'un côté, sort de l'autre : tout le monde y trouve son compte.

Puisque nous venons de parler des *gros bonnets* de Bercy, consacrons aussi quelques lignes à ceux qui ne font pas de bruit, et qui cependant n'en sont pas moins dignes d'être cités à l'ordre du jour.

Le petit négociant est arrivé, après de longues années de travail, à une position entourée de quelque aisance, de beaucoup d'espérances surtout. Longtemps commis chez les autres, il est maintenant à son compte et prospère. Gros, fleuri, plein de santé, il paraît bon enfant, bon vivant. Il habite Bercy, les alentours ou les quartiers qui avoisinent la Bastille, le boulevard Beaumarchais en particulier.

Le matin, il va visiter sa clientèle ; vers midi, il est à son magasin ou sur le port, attendant le client qui lui a promis de venir manger des escargots (la sympathie). Il choie les courtiers, *essaye* quelques bons mots avec eux, fume le *londrès*, quand il l'a gagné au bézigue ou au piquet !...

Enfin, il va son petit bonhomme de chemin et est heureux, s'il a un fils, de pouvoir l'envoyer à Charlemagne.

Je vous quitte, chers lecteurs, car le jour *baisse*, comme les vins nouveaux de la Loire et du Cher, et mon directeur me demande où j'en suis ; je lui réponds : *j'ai fini*.

A bientôt, c'est-à-dire à l'année prochaine.

11 décembre 1869.

XXI

Janvier 1870. — Ouverture de l'entrepôt réel. — La ville assiégée. — Coup d'œil sur la situation topographique de Bercy. — Le projet des étages.

Janvier s'achève et ne laissera pas le moindre regret : froids, gelées, pluies continuelles, événements tragiques, etc., etc. Voilà de belles étrennes, n'est-ce pas, chers lecteurs ?...

Le temps est un vilain drôle : il nous a mis aux arrêts forcés tout ce mois-ci, ce qui nous a permis de prendre quelque repos.

Les *occupations* de Noël, du jour de l'an, voire même de l'Epiphanie, sont si fatigantes !...

> Janvier commence avec fracas,
> L'année où les hommes s'élancent,
> Les uns pour descendre plus bas,
> Pendant qu'en haut d'autres s'avancent.
> Grande foire de compliments,
> De cadeaux et d'embrassements ;
> Puis, chacun rentre en sa demeure,
> L'esprit se calme et se détend ;
> On s'examine et puis l'on pleure
> Ses pas, ses vœux et son argent.

Maintenant, il faut combler les vides... La caisse éprouve le besoin de s'arrondir et, en fait de vœux, le commerce a hâte de constater une bonne reprise ; il l'attend depuis longtemps et, comme sœur Anne, il ne voit rien venir. Triste, triste !...

Allons, mon cher Maxime, encore un peu de patience, et tu verras poindre à l'horizon... oui, c'est entendu ; nous connaissons la suite.

Passons, si vous le voulez bien, à un autre ordre d'idées.

Le commerce en gros de Bercy est tout désorganisé avec le nouveau régime sous lequel il vit en ce moment.

L'*Entrepôt réel* fonctionne depuis le 1er janvier ; mais il y a, partout, un grand désarroi.

Les travaux consistant à isoler les maisons d'habitation des magasins de vins, ne sont pas encore achevés ; ceux qui concernent la jonction de plusieurs cours et celliers, en un seul entrepôt, s'achèvent avec difficulté. De sorte que Bercy ressemble à une ville assiégée.

Ce ne sont que maçons, ce ne sont que couvreurs.

Enfin, il faut prendre patience et s'estimer très-heureux de conserver, à Bercy même, le plus important marché du monde.

Dans la séance du 27 décembre dernier, un projet de loi a été déposé au Corps législatif, au sujet de l'établissement d'un entrepôt à *étages*, lequel prendrait naissance à la rue Nicolaï, pour aboutir à la rue Soulages, — ce qui ne fait pas la moitié de la longueur du quai de Bercy ! !...

MM. Genteur et Alfred Blanche, conseillers d'Etat, sont désignés comme commissaires du gouvernement.

Les membres de la commission, nommés par le Corps législatif, sont :

MM. Buquet, Cochery, Eschassériaux, Haentjens, Larrieu, Marcy-Monge, Ernest Picard, Jules Simon et Werlé.

M. Larrieu a été élu président.

Il était du devoir de la Chambre syndicale du commerce en gros des liquides de Paris, de protester contre la présentation d'un projet de loi aussi insensé : un entrepôt à *étages ! !...* C'est ce qu'elle fit énergiquement,

avec le concours d'un grand nombre de négociants de
Bercy, parmi lesquels on compte MM. Boullay, juge au
tribunal de commerce de la Seine, et Teissonnière, membre de la Chambre de commerce.

La situation topographique de Bercy commande de le
laisser tel qu'il est. — Où placer jamais mieux le grand
entrepôt, où le grand dépôt des vins que Paris boit?
Voyez quelles belles limites naturelles : la partie dite
Bercy-Entrepôt est un square de 43 hectares, qui ressemble à un tableau dans un cadre. D'une part, en longueur,
pour baguette, la rue de Bercy, et derrière cette rue, le
chemin de fer de Lyon; de l'autre, le port de Bercy, sur
la Seine descendante, et au delà, le chemin de fer d'Orléans. En haut, dans la largeur, la rue Nicolaï, les fortifications et le chemin de fer de Ceinture, qui, tout à
l'heure aura fini de compléter son cercle. En bas, l'ancien boulevard extérieur relié au quai de la gare par le
pont de Bercy.

Donc la Seine, d'abord, amenant à Bercy les vins de
la basse Bourgogne, de la Loire, du Cher et du Midi, en
cet économique et tranquille état de transport qui tente
parfois les bateliers, mais assure la conservation des futailles; deux grands chemins de fer y versant chaque
jour les mers rouges et blanches de la Côte-d'Or, du
Beaujolais, de l'Orléanais, de la Touraine, du Bordelais
et de... l'Espagne! enfin une voie ferrée tournante pour
répondre instantanément à toute demande de fourniture
dans l'immense circuit parisien.

Ajoutons que les 43 hectares composant la partie ainsi
désignée, ne sont pas totalement occupés, si vaste que
s'y montre le commerce; 28 hectares seulement com-
prennent les magasins et les caves. Les 15 hectares qui
restent sont en habitation, cours, rues, impasses, dont
une grande partie, Bercy-entrepôt devenant *entrepôt
réel*, pourrait être appropriée de façon à loger tous les
liquides que renferme l'entrepôt du quai Saint-Bernard,
entrepôt qui ne se trouve plus aujourd'hui en harmonie,
nous l'avons déjà dit, avec les embellissements du quar-

tier Saint-Victor et le voisinage du quartier Saint-Germain, lequel doit être prolongé prochainement jusqu'à la Bastille. On a calculé que la ville pourrait retirer environ 15 millions des terrains et matériaux de l'entrepôt Saint-Bernard.

Il y avait d'ailleurs un vrai dommage à modifier profondément la physionomie actuelle du vieux Bercy, si riant depuis soixante-dix ans, avec ses arbres, ses cours, ses berceaux et ses berges.

Nous espérons donc que l'administration municipale renoncera à son singulier projet, en continuant, toutefois, à acquérir, à l'amiable, pour les besoins du commerce, les propriétés pouvant être reliées à celles déjà converties en entrepôts réels, au prix de tant de sacrifices. Car, disons-le en passant, les constructions édifiées depuis un an — *provisoirement* — peuvent vivre au moins un siècle en parfait état de conditionnement. La ville a l'habitude de faire les choses solidement, et, en ce qui concerne les travaux qu'elle exécute à Bercy, nous dirons hautement qu'ils ne laissent rien à désirer ; sans doute, nous rencontrerons des opposants, mais il s'en trouve partout, ne serait-ce que par esprit de taquinerie!

Comme nous demandions à un négociant de Bercy quel avait été le mobile de l'Administration en présentant un plan d'entrepôt à *étages*, il nous répondit :

— On dit que c'est par économie de terrain.

C'est merveille de voir comme l'intelligence pratique est ce qu'il y a de plus rare au monde!... Parler de loger le vin au premier ou au second, cela nous surpasse.

Mais on oublie donc que le vin est un habitant des lieux bas et souterrains, demandant pour vivre une température constante, se plaisant et comportant en des futailles de 250, 300, 500, 1000 litres, le moins possible remuées!...

Le meilleur, c'est que ce projet absurde a été élaboré au conseil municipal sans que les intéressés — les négociants en vins — aient été entendus ni consultés.

Nous ne croyons pas trop nous avancer en disant que

M. Teissonnière, négociant de Bercy, membre du conseil municipal, a seul protesté, au sein de la commission municipale, contre le projet à *étages* que le Corps législatif est appelé à discuter.

Mais nous avons confiance dans les connaissances spéciales des honorables députés faisant partie de la commission de l'entrepôt de Bercy. Ils s'entourent, auprès des personnes compétentes, de tous les renseignements possibles : ils se sont mis en rapport avec la Chambre syndicale des vins, qui leur fait connaître les besoins réels de Bercy-entrepôt et nous aimons à penser que si le projet en question n'est pas retiré par le gouvernement, il sera, du moins, entièrement modifié, à la suite d'une discussion sérieuse et approfondie. Autrement, ce serait la ruine complète de Bercy, ce vaste marché qui est le réceptacle des vins, de tous les produits vinicoles de la France et de l'étranger.

Certes, ce n'est pas ainsi que le comprend le gouvernement, et nous faisons des vœux, en terminant, pour que satisfaction pleine et entière soit donnée à un commerce qui verse plus de quarante millions par an dans la caisse de l'octroi de Paris !

19 janvier 1870.

Rues, enclos et cours. — Sous les charmilles. — *Semelles* et *coups de feu*. — Les fûts gerbés. — Le *buen retiro*.

Bercy, et c'est surtout ce qui lui donne une physionomie à part, est, dans toute sa longueur, coupé par des voies parallèles et peu espacées, allant de la rue qui longe la gare de Lyon au port. Quelques-unes, en petit nombre, sont entièrement publiques, livrées à la circulation de tous et à toute heure; les autres ferment leurs portes et leurs grilles de fer, gardées par *Messieurs de l'octroi*. Elles se désignent par trois noms qui, à Bercy, sont à peu près synonymes : rues, enclos, cours.

Le mot cour est l'appellation générale. On dit de quelqu'un : il est dans les cours. Leurs noms rappellent les grands vignobles de France, leurs propriétaires anciens ou nouveaux, les arbres qui les plantent, les pays de naissance de la plupart des hommes qui les fréquentent: rues de Bourgogne, de Bordeaux, de Beaune, de Champagne, de Mâcon, d'Orléans; cours Tassin, Beaujolais, Cabanis, du Petit-Château, Boutet-Delisle, des Platanes; enclos des Mâconnais, etc., etc. Cela dit, pénétrons dans l'une d'elles.

La voie est pavée. A droite et à gauche elle se déprime pour former ruisseau et d'autres passages aux eaux des pluies et à celles qui ont été employées au rinçage des futailles.

Des arbres, presque partout magnifiques, des marronniers séculaires comme dans la rue de Bordeaux, des peupliers comme dans la rue de Mâcon, des platanes comme ailleurs s'élèvent aux deux côtés de la cour, la couvrant de leur ombre, elle et les magasins qui la bordent.

Les arbres étendent leurs bras sur ces magasins à toit bas, à deux pans très-larges de tuiles ; puis ils montent, émondés à une grande hauteur du côté de la voie ; mais, au-dessus, leurs têtes se marient et donnent à la cour, dans la belle saison, l'aspect d'une charmille immense, d'une allée couverte comme on en rencontre peu dans des parcs historiques.

Sous ces ombrages qui protégent les travailleurs contre le chaud, la pluie, le vent, qui protégent les vins contre le soleil qu'ils empêchent d'en trop boire, représentez-vous un mouvement perpétuel de voitures, deux lignes de bureaux, une pompe de place en place, d'innombrables fûts pleins ou vides, de toutes contenances, dispersés çà et là ou empilés contre les troncs des arbres, six par six, trois pièces en fond, sur terre, puis deux, puis une, formant un groupe que l'on nomme d'un joli nom : *un bouquet.*

Tandis que d'énormes chats dorment de toutes parts sur les toits, les travailleurs sont à l'œuvre, avec la blouse bleue et courte, la cotte, le grand tablier de forte toile brune ou de cuir. Les voilà qui remplissent et préparent les pièces que les voituriers vont charger et emporter, qui rincent les futailles en faisant rouler dans le *ventre* des douves une chaîne de fer, qui y introduisent la mèche de soufre allumée devant leur ôter leur mauvais goût, qui collent les vins afin de les clarifier. On entend le maillet des tonneliers, réparant plutôt que faisant à neuf, car presque toutes les futailles viennent des pays de production.

Comme sur le port, les marchands et les courtiers sont occupés à faire goûter les vins aux clients ; laissons-les faire, et quittant cette foule et ce tapage, entrons dans les magasins.

D'étroites claires-voies ménagées çà et là en petit nombre et haut percées, jettent un jour faible et terne dans les couloirs, c'est-à-dire dans l'espace forcément laissé vide entre les rangs des pièces. D'énormes poutres vont d'un mur à l'autre; le long de ces murs, des larves se forment et demeurent attachées, l'humidité suinte entre les pierres, des mousses gluantes, informes, poussent dans l'ombre. L'araignée tend ses toiles dans les coins, sous le toit, partout où pénètre un peu de lumière.

Ne vous effrayez pas de cette description très-réelle: les magasins les plus sombres et les plus frais sont les meilleurs. Les fûts sont placés sur des chantiers de bois de chêne posant eux-mêmes sur des barres transversales dites pittoresquement *semelles;* autrement l'humidité pourrirait les cercles et les douves des fûts, ce qui multiplierait les *coups de feu.*

Au premier coup d'œil jeté sur ces fûts, *gerbés* en rangs égaux, on connaît leur provenance, car ils ont chacun la jauge des pays où ils furent fabriqués et remplis. Voilà la pièce *Bordeaux* de 225 litres, bien faite et solide entre toutes, avec ses deux barres transversales plates et larges, une seule parfois, ses dix-huit chevilles soutenant les barres; la *Marseille,* qui imite la précédente, mais dure moins et ne contient que 220 litres; la *Mâcon,* bien établie, ferme, sans barre, renfermant ses 214 litres; la futaille *Cher,* de 250 litres, mal assise, avec sa barre mince, sa *commande,* dolée à coups de hache, ses douves mal jointes, dont on a bouché les interstices avec des roseaux de la Loire; les fûts de l'Orléanais, qui rappellent les *Cher,* mais ne contiennent que 230 à 236 litres. Voilà la feuillette des vins blancs de *Chablis,* 136 litres; le *quart Mâcon,* de 106 litres; le *quart Bordeaux,* de 114 litres; la *Beaune,* de 225 litres, et les jauges du midi; les *Tavels,* les *Montagnes,* dans des fûts de 350 litres, que l'on nomme *tambours;* les *Narbonne* et les *Roussillon,* dans des demi-muids de 550 litres ou des *pipes* (?) de 620 à 650 litres, etc. Combien n'en citerait-on pas encore, depuis le baril de 10 litres, dans lequel on expédie de l'eau-de-vie dite *fine champagne* à nos bons bourgeois, jusqu'au foudre qui contient deux cents pièces.

Tous ces vins sont là, attendant l'acheteur. Les droits

d'entrée dans Paris sont énormes : 20 fr. 60 par hectolitre, *Suresne* ou *Chambertin!!!*... Ne remarquez-vous pas, dans un coin de magasin, lequel est éclairé par un châssis dormant, cette auge énorme, en bois, longue de cinq mètres, large de trois, haute de deux, munie dans tout son pourtour de gros robinets de cuivre portant à leur col un entonnoir ? C'est la cuve ! c'est la chaudière magique où l'on *opère* à toute heure, *au grand jour*, des mi_racles qui n'ont rien de commun avec les *Noces de Cana*.

Vous vouliez un vin qui eût tel goût, que l'on vous vendît tel prix, que vous pussiez livrer à tel autre, avec bénéfice et en contentant vos pratiques, bien entendu !

Le courtier, — c'est là sa science principale, — a rempli plusieurs fois sa tasse d'argent à divers fûts de différents vignobles ; il a mêlé le tout dans un *pichet*. Est-ce là le goût, la couleur, ce qu'il vous faut, ô chers clients ?

De grâce, cependant, n'allez pas croire que tous les vins de Bercy doivent passer par la cuve !... Ce serait dommage, assurément. Non, outre les maisons, peu nombreuses, il est vrai, qui ne vendent que les *grands vins*, il n'est pas de maison qui se respecte où ne se trouve un *cellier* (hum !) bien clos, bien seul, où peu de personnes entrent (?) : c'est le *caveau*.

Dans ce *buen retiro* reposent, au milieu du silence, d'une ombre épaisse, car les murs n'ont même pas de claires-voies, quelques pièces qui, lorsque la lumière du *gaz-suif* tombe sur elles, apparaissent tranquilles, moussues, graves, joyeuses... *en dedans*... Les espèces les plus recherchées sont en elles ; si le foret les saigne, il en jaillit une liqueur de pourpre et d'or. Elles se renouvellent rarement, ces précieuses marchandises ; c'est à peine si, de temps à autre, à de longs intervalles, on vient en marquer une barrique pour un riche gourmet ou un restaurateur de renom.

Elles vieillissent sans que l'on y touche, à part les époques du *soutirage* où on les débarrasse de leur lie, et où les employés et les amis de la maison en boivent bien aussi quelques tasses, à part encore les moments où elles appellent des soins, — car les saisons agissent sur elles comme sur la vigne, les pampres et les raisins du coteau, tant il est vrai que tout vit dans la nature, que la mort n'est que relative, qu'un changement et qu'un nom.

9 février 1870.

XXIII

Les projets d'entrepôts. — Les étages. — Calicots et fûts de
vin. — Opinion de M. Henri Chevreau. — Réformes à
faire. — Les encombrements et les moyens de les éviter.

Dernièrement on examinait, à Bercy, quelques plans
exposés dans une salle du *Rocher de Cancale*, par un architecte qui venait, au sujet de ses études, recueillir les
observations des négociants de l'endroit; il s'agissait de
projets d'entrepôts à construire à partir des caves sou-
terraines du chemin de fer de Lyon, jusqu'au pont de
Bercy.

L'architecte dont nous parlons ne représente pas l'Administration; son travail est le fait d'une concurrence qui
s'établit, depuis quelque temps, entre architectes : les
plans abondent... mais pas la moindre solution... De sorte
que Bercy continue son commerce avec un provisoire
qui pourrait bien devenir, sinon définitif, du moins, durer encore longtemps, si on en croit la *Presse*.

Citons textuellement ce journal :

« M. le préfet de la Seine a reçu communication du
rapport fait par M. Jules Simon, au nom de la commission
chargée d'examiner le projet de loi portant création d'un
nouvel entrepôt réel des boissons à Bercy. On sait que
le rapporteur conclut au rejet de ce projet, présenté par
M. Magne, sur les instances des commerçants de Bercy,
patronnés par les députés de Paris.

« Le préfet l'a communiqué avant-hier au conseil municipal, qui n'a aucune combinaison pour remplacer le
projet. »

Que la *Presse* nous permette de lui faire observer que

le projet repoussé par la commission n'a pas été présenté par M. Magne *sur les instances des commerçants de Bercy.* Ils s'en seraient bien gardés !

Ce projet est l'œuvre de M. Haussmann, d'après un plan de M. Baltard, — Notre ancien préfet, sans consulter les principaux intéressés, sans tenir compte des judicieuses observations faites, au nom du commerce des vins, a cru devoir proposer, pour le grand marché de Bercy, un entrepôt à étages !!...

Lorsqu'il fut question de ce plan, les protestations devinrent générales ; on se mit aussitôt en rapport avec la commission de l'entrepôt de Bercy. M. Jules Simon, son rapporteur, se rendit fréquemment à Bercy pour voir les choses de près ; chaque fois il était accompagné de plusieurs négociants, parmi lesquels figuraient des membres de la chambre syndicale du commerce en gros des vins et spiritueux, et l'honorable député, après mûr examen, a conclu, dans son rapport, d'une manière donnant satisfaction à tous les négociants de Bercy.

Un entrepôt à *étages !!* — Véritablement ceux qui ont imaginé un pareil entrepôt ne connaissent pas le premier mot des besoins du commerce des vins !

On loge — jusqu'au sixème étage — de la bonneterie, du calicot, de la flanelle, de l'horlogerie, de la bijouterie, des cartons à chapeaux ! Mais nous parler de loger — ne serait-ce qu'au premier étage — des fûts de vin contenant 600 litres, 1000 litres, et en très-grande quantité, cela nous surpasse !!... Un entrepôt de plain-pied, du pont de Bercy au pont Napoléon, oui, ce serait acceptable, et la critique disparaîtrait.

La réalisation ? Avec des capitaux. En avez-vous, ville de Paris, qui êtes à la veille de contracter un nouvel emprunt, et des plus *minimes*, 250 millions ?

Disons tout de suite que, pour construire un entrepôt de cette importance, il faudrait dépenser au moins 50 millions, plus une dizaine de millions pour indemniser les locataires à baux, car nous en connaissons qui réalisent de 30 à 40,000 francs de bénéfices par an, en souslouant les magasins qu'ils ont loués, à une autre époque, à très-bon compte.

La plupart de ces baux expirent au mois de janvier 1880.

Multipliez les bénéfices annuels pendant dix ans, et vous verrez ce que, en cas d'expropriation, le jury alloue-rait aux principaux locataires?

M. Henri Chevreau, dans son *Mémoire* présenté au con-seil municipal de Paris (session extraordinaire de 1870), aborde ainsi la question de Bercy :

« S'il n'y a pas de concessionnaires, la ville devra dé-bourser 30 ou 40 millions pour construire l'entrepôt dé-finitif, en dehors du service des dépenses déjà faites : si l'on ajoute cette somme à celles déjà dépensées ou à dé-penser en 1870, aux acquisitions d'immeubles à solder en 1871 et années suivantes, on arrive à un chiffre de 70 à 80 millions! Une dépense aussi considérable est de na-ture à faire réfléchir sur l'opportunité, au point de vue des finances de la ville, de la construction immédiate d'un entrepôt définitif. »

Ajoutons que le régime sous lequel le commerce de Bercy vit depuis le 1er janvier dernier ne nuit aucune-ment à ses intérêts. Au contraire, chaque négociant est à même de constater que l'Administration agit au mieux, en attendant l'achèvement des travaux en cours d'exécu-tion, lesquels ont dû être forcément arrêtés par les ri-gueurs de la saison d'hiver.

La ville est propriétaire d'une grande quantité de ter-rains bordant la rue Nicolaï : en traitant à l'amiable avec le chemin de fer de Lyon, elle pourrait acquérir les ter-rains qui appartiennent à cette compagnie — côté gau-che de la rue de Bercy — et, avec une dizaine de mil-lions, convertir le tout en entrepôts réels, qui viendraient s'annexer aux entrepôts existants déjà.

Le commerce de Bercy serait largement pourvu et pour-rait, même dans les années les plus abondantes, loger sans difficulté ses nombreuses marchandises.

Le produit actuel des locations consenties par la ville

est d'un excellent rapport pour elle; il en serait de même pour les locations futures. Donc, pas de charges pour l'administration municipale, et satisfaction pleine et entière pour cet important marché de Bercy!

Un *provisoire* de cette nature conserverait le vieux Bercy, avec ses vastes cours, ses arbres séculaires, qui donnent, pendant l'été, un ombrage bienfaisant; ses caves et ses magasins, dont le degré de température est si favorable à la conservation des liquides; ses cafés-restaurants, autant de petites bourses où se traitent les affaires; ses berges, où les mariniers venant de la Loire, du Cher, de la Basse-Bourgogne, voire du Midi, déposent les marchandises confiées à la voie fluviale, mode de transport, dirons-nous en passant, qui est bien plus avantageux que celui de la voie ferrée sous le rapport du prix et de la bonne livraison des fûts.

Mais — pourquoi faut-il toujours des *mais* — nous ne saurions trop appeler l'attention de M. le préfet de la Seine sur la nécessité qu'il y a d'achever au plus vite la rue principale isolant les magasins des maisons. Cette rue, qui prend naissance dans les cours du quai de Bercy, n° 5, aboutit rue de Mâcon.

Si l'on prolongeait cette voie jusqu'à la rue Gallois, comme c'est projeté, on éviterait des encombrements dangereux pour le public, en facilitant la circulation des haquets.

Actuellement, l'accès du quai de Bercy est impossible à certaines heures de la journée; plusieurs négociants sont obligés, pour aborder leur domicile, envahi par les voitures, de faire de grands détours.

Les règlements de police interdisent pourtant le stationnement des haquets, camions, etc., etc., le long des trottoirs. Nous ne sommes pas au-dessous de la vérité en disant que les trottoirs ont tout au plus 1 mètre de largeur! — Nous insistons donc pour que les voitures se conforment aux règlements de police, ainsi que cela a lieu dans les autres quartiers de la capitale.

La ville est représentée à Bercy — dirons-nous en terminant — par un homme capable, intelligent, qui comprend les exigences du commerce, et nous aimons à penser que, grâce à sa bonne direction, les travaux — interrompus par les gelées et les mauvais temps — ne tarderont pas à reprendre *force* et *vigueur*.

16 mars 1870.

XXIV

Le bataillon vineux. — Les voituriers et les bricoleurs, charretiers, commis. — Souvenirs historiques. — Pierre Ier. — Madame Roland.

Si nous parlions un peu de *Messieurs* les voituriers de Bercy!... Il y a parmi eux de braves garçons, de bons pères de famille, d'anciens bons (?) gardes nationaux du 52e bataillon — ce bataillon *vineux*, comme on le désignait avant son licenciement.

Un jour, le général Lawœstine inspectait, au champ de Mars, en grande revue, les divers bataillons de Paris et de la banlieue. Il passait à cheval devant les compagnies et voyait des figures blêmes, à peine colorées par la fatigue et la chaleur, pâlies dès longtemps dans les boutiques, les magasins et les ateliers sans soleil; mais il ne tarda pas à arriver devant des hommes tout autres. Ceux-là étaient grands, solides; quelques-uns maintenaient avec peine dans leur ceinture de cuir blanc leur ventre majestueux, qui tendait à s'en échapper; les visages de tous brillaient comme un verre de vin au soleil.

— Quelles trognes! exclama le général en chef.

— C'est le bataillon de Bercy, lui dit le colonel Isnard.

Le général, sans en demander davantage, continua sa revue, souriant et saluant.

Pauvre bataillon *vineux*, où es-tu ?... pas loin, et ton retour serait proche, dit-on.

Je n'y mets pas d'opposition ; mais seras-tu bien sage, à l'avenir? C'est que, vois-tu, si la *vinosité* est bonne, *pas trop n'en faut... Dixi*, et je reviens à nos voituriers.

Voyez-vous cette longue file variée et bizarre de ba-

raques de toutes formes, échelonnées sur une seule ligne
entre le pavé du quai et la berge? c'est là qu'ils cam-
pent tant que dure le jour. Minces bureaux où un
homme a peine à se tourner, guérites éclairées par une
petite fenêtre, ou bien encore de grosses futailles —
pipes ou demi-pipes — plantées sur un fond, l'autre
fond enlevé, afin que l'on puisse se tenir debout, mais
remplacé par une toile tendue sur un cercle qui s'arron-
dit au-dessus de la porte pratiquée avec la scie dans
les douves : tout est bon au voiturier et au *bricoleur*, son
diminutif, pour abriter de la pluie et du vent sa chaise
et le pupitre dans lequel il serre ses notes.

Le voiturier est surtout l'homme par lequel des milliers d'hectolitres de vin et d'eau-de-vie sortent chaque
jour de Bercy et y entrent. Il doit se pourvoir d'un matériel coûteux à acheter et à entretenir, posséder bon nombre de chevaux robustes, plusieurs *haquets* que, depuis
quelques années, les marchands préfèrent voir suspendus sur des ressorts, ce qui porte le prix de ces véhicules jusqu'à 1,200 et même 1,500 francs chacun.

Le loyer des écuries, des remises, le foin, la paille,
l'avoine, les notes du forgeron nécessitent au voiturier
un grand roulement de fonds. A ces dépenses vient se
joindre la paye journalière des hommes qu'il emploie,
et qui est de 3 fr. 50 environ, auxquels s'ajoutent les
pourboires qu'ils touchent pour descendre les fûts dans
les caves au lieu de destination, pourboires qui varient
de 50 à 75 centimes. Ces conducteurs de haquets ou
charretiers sont la population la plus tapageuse de Bercy.
Possesseurs d'un vocabulaire qui ferait envie à Vadé,
s'il venait à renaître, souvent ivres — au détriment du
négociant — leur fouet levé aussi fréquemment sur leurs
semblables que sur les chevaux, irascibles, batailleurs,
ils remplissent les cours de leurs disputes où la *gueule*
— pour nous servir d'une expression de Molière — joue
toutefois et heureusement le plus grand rôle. C'est le
métier qui le veut, et les maintenir dans un état relativement tranquille n'est pas le moindre souci des patrons.

Les occupations du maître voiturier sont d'ailleurs multiples et exigent une sollicitude de tous les instants.
Il doit veiller à la délivrance des expéditions qui accompagnent les fûts qu'il s'apprête à transporter, faire
en sorte d'obtenir ces expéditions de bonne heure, disposer ses *voitures*, c'est-à-dire combiner ses enlèvements
de manière à en former des chargements par quartier, etc. Ajoutons que la plupart du temps il a un aide
intelligent et dévoué dans sa femme. Les *voiturières* de
Bercy ne dédaignent pas la mode ni le *Paradis des dames*...
mais de quoi nous mêlons-nous ?

A côté de cette population vigoureuse, composée de
voituriers, charretiers, bricoleurs, tonneliers, et travail-
lant la chanson à la lèvre, la santé sur la figure et dans
le cœur, il en est une autre. Entrons dans ces bureaux
de comptabilité et d'écritures, construits en forme de
chalets ou de kiosques, le long des cours. On y distingue surtout le Parisien à la chevelure brune, au teint
mat, aux yeux vifs, à la mise soignée.

Parmi cette bureaucratie commerciale plus jeune et
moins guindée que la bureaucratie des administrations,
les diverses fonctions tranchent cependant entre elles
d'une manière très-précise. Voici le premier commis aux
écritures, silencieux, digne, faisant peu attention aux
allants et aux venants, debout devant son haut pupitre,
au milieu de ses registres, écrivant sur le grand-livre à
couverture verte en peau de daim, à fermoirs et à angles
de cuivre, grave et gros comme un missel. Voilà le cais-
sier, tenant son livre de banque, recevant, soldant, re-
mettant aux jeunes commis ou aux voituriers l'argent des
quittances qu'ils vont prendre aux bureaux d'octroi.

Au milieu de ces divers employés, le *premier commis* à
la vente va et vient, entrant, sortant, dans un mouvement perpétuel. C'est l'homme de confiance, le haut
fonctionnaire de la maison. Sa place est lucrative : 2,400
à 3,000 francs par an, mais elle demande de l'intelligence,
de l'activité, de la fermeté, une surveillance continuelle,
un instinct développé des affaires, une foule de con-

naissances spéciales; son second, son aide de camp, gagne de 1,800 à 2,000 francs, en attendant qu'il monte en grade.

Deux souvenirs historiques pour terminer cette chronique.

En 1717, le samedi 22 juin, Pierre 1ᵉʳ empereur de Russie, se trouvant à Paris, visita Bercy. Dans le livre de M. de Lescure : *Deux czars à Paris* (souvenirs historiques), Pierre 1ᵉʳ (1717), nous trouvons ce passage :

« Le samedi 22 juin 1717, le czar alla à Bercy, dans la belle et riche résidence, pleine de curiosités d'art et de mécanique et d'un luxe tout intellectuel, de M. Pajot d'Ons-en-Bray, le chef de cette dynastie qui devait occuper, pendant plus d'un siècle, la direction générale des postes et relais de France. Il y trouva un ami de la maison qui devint presque le sien (le religieux carme connu sous le nom de père Sébastien), dont les inventions en horlogerie, en physique et en mécanique, et les cures merveilleuses de chirurgien extracteur de la pierre, avaient rendu la célébrité populaire. Il s'y amusa tout le jour et y admira plusieurs belles machines. »

Madame Roland, quand elle n'était que l'admirable jeune fille que l'on appelait Marie Philippon, venait souvent à Bercy, chez M. de Boismorel, l'un des parents de sa mère. Elle parle avec estime de cet homme, qui était savant, philosophe et bon. Ils discouraient et étudiaient ensemble ; son parent lui prêtait des livres. Les jours où elle les lui rapportait, elle s'en venait par le jardin du Roi, aujourd'hui le jardin des Plantes, qu'elle aimait tant et où elle faisait ces pensives promenades d'hiver que lui rappelaient plus tard, avec tant de charmes, les vers de Thompson qu'elle traduisait ainsi (*Mémoires*) :

« Salut, tristesses qui me ressemblent, horreurs qui me conviennent, salut! Bien souvent je me suis plu à errer dans vos sauvages domaines, à fouler les neiges virginales et pures, moi-même aussi pure qu'elles, etc... »

Le passé ne revient pas, a dit le brigadier de Nadaud ; occupons-nous donc du présent et saluons le printemps qui nous permet d'aller cueillir la violette dans l'ancien parc de Bercy, où elle pousse à foison, en compagnie de lilas, de seringas, de vieux rosiers, apparaissant encore, çà et là, sur un terrain qui ne tardera pas à être envahi par la spéculation.

16 avril 1870.

XXV

Aspects divers de Bercy. — Matin et soir, chats et rats. —
Le rapport de M. Jules Simon. — Les incendies de Bercy.
— M. J. Pellou.

Bercy, et c'est là une de ses singularités, ne s'offre pas
en spectacle à tout instant; comme les théâtres, il a ses
relâches, ses sommeils, ses longues heures de solitude
et de silence absolu.

Depuis longtemps déjà, en été, le soleil égaie de ses
rayons la cime des arbres et le cours du fleuve, que les
magasins sont encore déserts, comme le port, comme la
berge.

Vers 6 heures, les cours commencent à se peupler; les
premiers garçons arrivent, puis les hommes d'équipe ;
on met ses vêtements de travail; on flâne : on va de maison
en maison ; on boit un verre de vin blanc par-ci par-
là ; on vide un *pichet* ou deux de vin rouge (c'est le patron qui *paye)* en *cassant la croûte* ; — vers 7 heures, tout
le monde est à la besogne. — Pendant ce temps-là, le
quai, plus longtemps silencieux, s'anime peu à peu.

Les *haquets* arrivent en cahotant, s'alignent, prennent,
pour ainsi dire, leur poste de combat; les voituriers ou-
vrent leurs bureaux en plein vent, les commis des diverses maisons apparaissent en compagnie de courtiers ou
de négociants amoureux de la matinée.

Ce n'est que vers 10 heures que les affaires commencent, que le brouhaha de voitures et d'hommes commence, que Bercy, en un mot, vit de l'activité fiévreuse
qui le distingue et le caractérise si bien. La rumeur va
s'augmentant jusque vers 3 heures de l'après-midi, puis

elle diminue sensiblement, et, à 5 heures, tout est rentré dans le calme.

Les cours sont fermées ; le soleil disparaît, la lune se lève, laisse tomber sa lumière *blafarde* sur les magasins. Les ouvriers sont rentrés chez eux ; ils dorment paisiblement..., tandis que, dans les magasins, il y a des êtres qui veillent.

N'entendez-vous pas ces miaulements désespérés, ces cris sourds, ce bruit de pas moelleux et cependant rapides, de pas qui se poursuivent ? Les chats et les rats de Bercy sont en guerre. — Ces derniers pullulent ; les égouts de la Seine les amènent ; ils trouvent dans les magasins leur pâture, ils y restent et y prennent des proportions surprenantes. Tout leur est bon, mais ils *adorent* la chandelle, ces vilains cosaques, et il faut prendre les précautions les plus minutieuses, s'ingénier à découvrir mille cachettes pour ravir à leur atteinte ces chandelles tant désirées, qui servent à l'éclairage des magasins, pendant les heures de travail.

Quand les hommes mangent dans les tonnelleries, les rats viennent entre leurs pieds chercher leur nourriture, les audacieux !... Il a donc fallu opposer à cette armée de ravageurs, une armée de chats et des plus beaux, ma foi ! Pendant le jour, ces athlètes dorment nonchalamment posés sur les fûts, sur les toits, partout où vient un rayon de soleil. — Ils sont très-familiers, connaissent admirablement ceux qui les caressent, accourent au sifflet comme des épagneuls, font des tours comme des caniches. Bercy est à eux, chaque dimanche et chaque soir, et ils en sont les gardiens fidèles. Sur dix, il y en a trois ou quatre qui ont un *œil crevé*, stigmate de leurs luttes de toutes les nuits. Ces braves à figure pateline attendent un Cervantès ou un Homère, plus dignes qu'ils sont d'en avoir un assurément que les grenouilles. Sans nul doute, les dieux leur en enverront un.

La question d'entrepôt semble toujours préoccuper certains esprits. Sous prétexe d'intervenir en faveur du commerce, ils attaquent à outrance l'administration municipale.

Ces éloquents défenseurs de la... *Bourgogne* et du *Bordelais*... réclament avec insistance la construction d'un vaste entrepôt réel, — d'une immense halle, — et font chorus avec M. Jules Simon qui, dans son rapport, propose à l'adoption du Corps législatif cet article unique :

« La ville de Paris est autorisée à emprunter, par voie
» d'adjudication ou de soumission, à un taux d'intérêt qui
» ne pourra dépasser cinq pour cent, et pour un temps
» qui ne pourra être supérieur à 51 ans, une somme qui
» ne pourra dépasser 51 millions, en y comprenant les
» frais de l'opération financière, ladite somme devant
» être exclusivement employée à la création d'un entrepôt
» réel des boissons, *sur l'emplacement de l'ancienne com-*
» *mune de Bercy compris entre le chemin de fer de Lyon, la*
» *Seine, le boulevard de la Rápée et la rue de Bercy rectifiée,*
» à la réserve des terrains dits de bordure sur le *quai,*
» lesquels pourront être vendus pour construire une seule
» rangée de maisons. »

Un emprunt de 51 millions !... il s'agit, n'est-ce pas, d'une bagatelle ?...

D'ailleurs, où est l'urgence ?

Que l'on soumette la question au suffrage des négociants de Bercy, et la majorité sera pour le maintien de l'état de choses actuel.

Les nombreux *entrepôts réels* qui existent aujourd'hui forment un tout et ne paralysent aucunement les transactions commerciales.

Les travaux de réparations, d'agrandissement, d'installations nouvelles, etc., etc., touchent à leur fin : le commerce conserve ses anciennes habitudes ; au lieu d'être soumis au régime de l'exercice à domicile, il est soumis au régime de l'octroi — à la grande désolation de messieurs les fraudeurs : voilà tout ce qu'il y a de changé depuis le 1er janvier dernier.

J'avoue que, dans son ensemble, le quai n'a rien qui puisse flatter le regard ; mais son entrepôt n'en a pas moins de charme au moment surtout où se balancent dans les airs, au souffle de la brise, les blanches aigrettes des marronniers en fleurs.

Autrefois, les incendies étaient fréquents à Bercy ; c'était dû à la mauvaise construction des magasins qui étaient, en majeure partie, bâtis en planches et recouverts en chaume.

En 1820, le 31 juillet, les flammes dévorèrent la moitié de l'entrepôt ; la perte occasionnée par cette catastrophe fut évaluée à plus de 10 millions. Un autre incendie, qui aurait pu devenir aussi violent que celui-là, éclata dans la nuit du 31 mars 1853. En peu d'instants tout l'entrepôt Gabriel Alain, 20, quai de Bercy, fut détruit.

Les tonneaux crevaient comme des bombes au milieu des vins et des eaux-de-vie en combustion. — Les flammes s'élevaient à une telle hauteur, que de Fontainebleau on en distinguait la rougeâtre et sinistre clarté ; et qu'à Champigny-sur-Marne, les laitières, qui s'apprêtaient à se rendre à la halle de Paris, purent remplir leurs boîtes à la lueur du feu.

Quelques petits marchands, locataires de l'entrepôt incendié, ennemis de *l'assurance*, eussent été complétement ruinés sans l'intervention du commerce de la place, qui organisa une souscription, avec le bon concours de M. J. Pellou, lequel est retiré des affaires depuis 1852, après avoir fourni une carrière commerciale des plus honorables.

Associé, puis successeur de la maison Larroze, Pellou et Cᵉ, il a su, par ses hautes capacités aussi bien que par sa loyauté à toute épreuve, donner à sa maison une importance et une réputation de première valeur.

Ancien membre du conseil municipal de Bercy, du conseil d'arrondissement de Sceaux, ancien juge au tribunal de commerce, il a été, de plus, pendant dix-huit années consécutives, chef de bataillon de la garde nationale de Bercy. A cette époque, de 1830 à 1848, les officiers étaient nommés à l'élection, c'est ce qui explique le parfait accord qui n'a cessé de régner, pendant cette période, entre les gardes nationaux de Bercy et leurs officiers. .

Pourquoi ne reviendrait-on pas au bon vieux temps?

M. Pellou est retiré dans son pays (Basses-Pyrénées), où il jouit de ce repos du sage, *otium cum dignitate*, auquel ses longs travaux lui donnent de si légitimes droits.

Ceux qui ont dans le cœur le sentiment de la reconnaissance, ceux qui savent rendre justice et hommage au désintéressement et au dévouement — nous disait ces jours derniers un de nos bons amis de Bercy — ont vivement regretté et regretteront longtemps encore le départ de M. Pellou (1).

Je vous quitte, chers lecteurs, car mes devoirs de citoyen m'appellent sur un autre terrain... M'abstenir de rendre visite à Sa Majesté le plébiscite serait le fait d'un insensé; je préfère conserver la raison! Ah! mais....
Oui!...

mai 1870.

(1) M. Pellou s'est éteint, au mois d'octobre 1873, à l'âge de 84 ans, emportant dans la tombe la satisfaction du devoir accompli et laissant ici-bas le souvenir de nombreux bienfaits.....

XXVI

Le douzième arrondissement, — Notices sur Bel-Air,
Reuilly, Picpus et les Quinze-Vingts. — Hommage au
docteur de Lanessan.

Bercy, nous l'avons déjà dit, appartient, depuis le 1er
janvier 1860, au douzième arrondissement (mairie de
Reuilly), lequel est composé de quatre parties, savoir :
Bercy, Bel-Air, Picpus et les Quinze-Vingts.

Le Bel-Air est le nom d'une avenue qui communique
de la place du Trône à l'avenue de Saint-Mandé; cette
qualification est justifiée par la pureté de l'air qu'on
respire sur ce plateau, où abondent les pensionnats et
les maisons de santé. La proximité du bois de Vincennes
rend aussi très-agréable le séjour de ce quartier.

Picpus n'était qu'un hameau lorsqu'en 1600, le preux
Vincent Massart y réunit des religieux pénitents réformés
du tiers-ordre de Saint-François, grâce aux libéralités de
Jeanne de Sault, veuve de René de Rochechouart, comte
de Mortemart. Henri IV donna des lettres patentes pour
le nouvel établissement, qui prit le titre de fondation
royale, parce que Louis XIII posa la première pierre de
l'église, le 13 mars 1611.

Les ambassadeurs des puissances catholiques avaient
l'habitude de se rendre au couvent de Picpus avant de
faire leur entrée publique dans Paris; ils y recevaient
des compliments de la part des princes et princesses du
sang royal et des princes légitimes; puis un prince de la
maison de Lorraine ou un maréchal de France venait
les prendre dans un carrosse du roi pour les conduire
à leur hôtel.

Du monastère de Picpus dépendaient des jardins éten-
dus, qu'on retrouve aujourd'hui en partie parmi les terrains des maraîchers qui habitent le quartier. D'ailleurs,
les potagers de l'ancien monastère avaient de la réputation pour l'excellence de leurs salades, dont le père
Sénecé parle en ces termes :

Item de la salade aussi fraîche, aussi bonne,
Aussi réjouissante en sa variété,
   Qu'à Picquepuce en assaisonne
   L'ingénieuse pauvreté.

Non loin du couvent des pénitents de Picpus, Jean-Fran-
çois de Gondi, archevêque de Paris, avec le concours de
Tubeuf, surintendant des finances de la reine, établit
des chanoinesses régulières de Saint-Augustin, sous le
titre de Notre-Dame-de-la-Victoire-de-Lépante et de
Saint-Joseph ; elles étaient vêtues de serge blanche avec
un voile noir sur la tête et un rochet de toile fine par-
dessus leurs robes. Elles prirent, le 2 octobre 1640, possession de la maison qu'elles ont conservée jusqu'en 1790.

Pendant la Révolution, on inhuma dans leur cimetière
les condamnés exécutés à la barrière Renversée, ci-de-
vant du Trône.

Madame de La Fayette, seconde fille du duc d'Ayen,
duc de Noailles, repose dans le cimetière de Picpus.

Le général, mort le 20 mai 1834, à l'âge de soixante-
dix-sept ans, vint prendre place auprès d'elle, escorté
d'un grand nombre de citoyens de tous les partis, de
tous les rangs et de toutes les nations. A la terre qui reçut le corps du compagnon de Washington, fut mêlée de
la terre envoyée tout exprès d'Amérique.

Dans la rue Picpus existent plusieurs établissements religieux : l'hospice d'Enghien qui avait été fondé en 1819,
par la duchesse de Bourbon, dans la rue de Babylone ;
la congrégation des sœurs des Sacrés-Cœurs de Jésus et
de Marie ; celle des dames des Sacrés Cœurs de Jésus et

de Marie et de l'Adoration perpétuelle du Très-Saint-Sacrement de l'Autel.

Reuilly (*Romiliacum*) remonte à une très-haute antiquité ; le roi Dagobert y avait une villa où il épousa Gomatrude, qu'il répudia ensuite pour s'unir à Nantéchilde.

Ce domaine appartint à la commune jusqu'en 1352, et le roi Jean le céda à Humbert, dauphin du Viennois.

Colbert établit à Reuilly, en 1634, une manufacture de glaces, dont les vastes bâtiments furent construits en 1666, et qui rivalisa bientôt avec les fabriques de Venise. Il n'est pas inutile de revendiquer pour la France l'honneur d'avoir introduit dans cette industrie des améliorations qui en mirent les produits à la portée de toutes les classes. Un Français, nommé Thivart, inventa l'art de couler le verre aussi facilement qu'un métal, et Rivière Dufresny découvrit le moyen de polir les glaces. Celles de Reuilly étaient fondues à Tourlaville, près de Cherbourg, ou à Saint-Gobin, près de la Fère ; puis on les amenait à Paris pour être polies et étamées. Ces transports onéreux furent jugés inutiles. En 1664, le matériel de la manufacture fut transféré à Saint-Gobain, et l'édifice qui couvre une superficie de 21,062 mètres, devint une caserne où logent 2,750 hommes.

A quelques mètres de distance, en remontant la rue de Reuilly, sur le côté gauche, à proximité du boulevard Mazas, la ville a acheté, il y a deux ans, pour y établir des écoles de garçons, une vaste propriété désignée sous le nom de *Château Dagobert*. En effet, les terrains sur lesquels on a édifié cette maison faisaient partie de l'ancienne résidence du bon roi Dagobert.

Plus loin, à droite, on trouve une modeste église, placée sous l'invocation de saint Eloi, dont le nom est devenu populaire en France.

Depuis le commencement de l'année, les habitants du quai de Bercy et des rues adjacentes désertent le quartier *vineux* et s'installent, la plupart, au boulevard de Reuilly, entre les anciennes barrières de Charenton et de Reuilly, où s'élèvent de grandes et belles maisons dotées de jardins, tout comme à la campagne. Les commerçants sont mieux logés, se trouvent toujours à proximité de leurs affaires, et joignent ainsi *l'utile* à *l'agréable*.

L'hospice des *Quinze-Vingts* donne son nom au quatrième quartier.

L'institution de cet hospice est due à saint Louis. Il le fonda à perpétuité, au dire de Joinville, historien de ce roi, en faveur de trois cents ou de quinze vingts aveugles, selon le langage de ce temps.

Le vieil historien ne dit pas, toutefois, que ces aveugles fussent trois cents chevaliers ou hommes d'armes laissés en otage aux Sarrasins, et auxquels ceux-ci avaient inhumainement crevé les yeux. Cette version paraît avoir été inventée plusieurs siècles après la fondation de l'hospice, car Rutebœuf, poète du treizième siècle, parle de cet établissement et des aveugles qui l'habitaient en termes si peu respectueux, qu'il est difficile de croire que ses rimes satiriques fussent dirigées contre des soldats français, contre des soldats malheureux.

Cet hospice, qui compte près de six siècles d'existence, est administré par un directeur, sous le contrôle d'une commission consultative.

Nous ne terminerons pas cette chronique sans adresser quelques paroles de bon souvenir à la mémoire d'un homme que nous avons bien connu et qui est mort dernièrement dans des circonstances assez singulières :

Nous voulons parler du docteur de Lanessan.

Une jeune fille s'était précipitée du quai de la Rapée dans la Seine. Deux jeunes gens se jetèrent à la nage et parvinrent à la retirer à demi asphyxiée.

On envoya chercher en toute hâte un médecin ; le docteur de Lanessan ne tarda pas à arriver. Il employa pour ranimer cette jeune fille tous les moyens connus ; il lui insuffla de l'air dans les poumons ; enfin, après des efforts non interrompus, il eut la satisfaction de lui voir faire quelques mouvements. Le médecin était épuisé. Il ne voulut pas cependant cesser de donner ses soins à l'intéressante malade, qui, avec cette puissante vitalité de la jeunesse, se ranimait à vue d'œil. A mesure qu'elle reprenait ses forces, le médecin perdait les siennes. Il pâlissait, il chancelait, bientôt il s'affaissa et l'on dut le transporter à son domicile, situé non loin de là, place de l'Église de Bercy.

Quelques heures après, le docteur de Lanessan succombait. L'apoplexie l'enlevait à sa famille et à ses nombreux amis, à l'âge de 64 ans!...

Ancien médecin du bureau de bienfaisance, ancien chirurgien-major du 32e bataillon de la garde nationale, le docteur de Lanessan a laissé d'unanimes regrets à Bercy, où il a fourni, pendant trente-cinq ans, une carrière des plus honorables.

15 juin 1870.

XXVII

Une question essentiellement liquide. — Les années capricieuses. — Les récoltes du moyen âge. — Canons et
canons.

Il fait chaud, n'est-ce pas, chers lecteurs ? Vous diriez
le contraire que l'on ne vous croirait pas, et même vous
pourriez bien être invités à faire faction pendant quelques minutes seulement sur le *joli* (?) quai de Bercy, pour
nous dire ensuite si *oui* ou *non... ça grille!*

Donc il ne gèle plus.

Les vignes, quoique robustes, commencent à se fati-
guer d'une température aussi *alcoolisée.*

De l'eau, de l'eau! demandent-elles en chœur. Et l'eau
ne vient pas, et l'eau se moque de nous!

Et vous croyez que 1870 nous donnera du vin?

Erreur la plus profonde! Moi, je vous dis que non. Le
vin se changera en sirop; l'eau de seltz jouera un grand
rôle dans les ménages; le consommateur sera obligé,
après avoir acheté 100 litres de *sirop vin*, de se munir de
quantité égale d'eau de seltz. Il y en a déjà qui *s'y font
à l'eau de seltz!* et nous n'en sommes nullement étonné,
par ces temps de chaleur tropicale. Allons, amis lecteurs,
un peu de patience... plus tard, vous serez indemnisés de
vos peines et de vos *chaleurs.*

La floraison s'est très-bien passée, et si le *grand arro-
soir* pouvait se mettre en colère, ce serait au mieux pour
le développement des grains : nous obtiendrions tout à la
fois qualité et quantité.

D'ici à la récolte, nous avons encore à parcourir quatre
mois de consommation, et elle sera d'autant plus grande
à Paris, que les travaux sont, dit-on, sur le point d'être
repris avec activité. L'ouvrier, sans porter atteinte à son

petit budget, pourra recourir *au litre* chaque jour, même, *le lundi*, s'offrir la *fine bouteille*.

Le vin n'est-il pas un trésor divin?

Je sais bien que tout le monde ne partage pas mon *opinion* à ce sujet; cependant, que les *Dréhéristes* se rassurent, je ne suis pas exclusif, et il m'arrive quelquefois de rendre visite au *bock-beer*, dût-il manquer de *corps* et de *vinosité*.

D'ailleurs, n'en faut-il pas pour tous les goûts!

Il en est de même pour le vin. Un client dira à son marchand :

« Envoyez-moi *quelque chose* de bon... vous savez, un vin *fort*, supportant l'eau. »

Un autre, par contre, recommandera au marchand de lui expédier une *bonne* pièce de vin, *quelque chose?* pas trop foncé en couleur... qui ne tache pas trop la nappe....

Ce qui vous prouve, chers lecteurs, qu'il faut beaucoup d'intelligence et de persévérance pour contenter tout le monde à la fois.

Ainsi, en ce moment, j'entends dire de tous côtés : « Quel temps magnifique! A la bonne heure, nous aurons cette année une abondante récolte ; le vin sera délicieux. Ah! que les négociants en fassent leur deuil, la baisse arrive à grands pas; le petit Poucet lui a prêté ses bottes; bientôt nous pourrons nous rafraîchir à bon compte, etc. » Vous avez raison, chers consommateurs, si le temps continue de la sorte, *garrre la baisse!...* Elle sera générale, et vous ne tarderez pas à traverser la Seine à pieds secs; la navigation sera momentanément interrompue. Plus d'arrivages en bateaux, plus d'encombrements sur les berges; ce sera une vraie *baisse* cette fois, et l'on attendra, n'est-ce pas ? la *hausse* avec impatience.

Chacun raisonne à son point de vue. Quand il grêle et gèle au mois de mai, la clientèle *oublie* de prendre la parole et de dire aux détenteurs : « Chers amis, il fait un temps pitoyable; les vignes sont gravement compromises. Vous êtes sans doute à la hausse ? »

Et pourtant ce serait logique, puisque, dès qu'il fait

beau temps, la même clientèle n'oublie pas de répéter en chœur : Ah ! nous y voilà !... vive la baisse !

Les années sont capricieuses comme les jolies femmes ; il faut les accepter telles qu'elles se présentent. Sans doute, il y en a qui font époque. On aime à les citer. Et nous saisissons cette occasion pour faire connaître le résultat suivant des recherches faites sur certaines années privilégiées pendant lesquelles le printemps et l'été ont régné seuls en maîtres.

En 1183-84, les arbres fruitiers étaient en fleurs en décembre, et la vigne en février ; malheureusement la guerre des Pastoureaux était déjà commencée, et une grande partie des récoltes fut détruite.

Quoi qu'il en soit, on cueillit les fruits au mois de mai, et on fit la vendange à la fin de juillet.

En 1288-89, à Noël, dit un auteur allemand, les enfants vendaient, dans les rues de Cologne, des violettes cueillies dans les prairies du Rhin ; il y avait des bluets en février, et en avril la vigne était en fleurs sur les coteaux de la Moselle.

En 1572, les arbres étaient couverts de feuilles au mois de janvier, et les enfants dénichaient les petits oiseaux le mois suivant.

En 1621, en février, tout était en fleurs ; on était au cœur du printemps.

1658-59, ni neige, ni gelée.

1782-83, vers la fin de décembre, la chaleur était extraordinaire ; il y eut des orages comme au mois d'août, et en janvier tout était fleuri comme au mois de mai.

1821-22, température d'une douceur extrême. Il y avait des pois en fleurs au mois de décembre, et les seigles étaient rentrés avant la Saint-Jean.

La récolte en vins de cette année fut l'une des plus remarquables de notre siècle.

En 1846, le 1er mai, nous avons vu des baigneurs en pleine Seine : ce fut une année exceptionnelle sous tous les rapports : quantité, qualité et bas prix.

Depuis lors, nous avons eu trois excellentes années de récoltes en vins : 1858, 1861 et 1865.

Nous faisons des vœux pour que les années abondantes deviennent moins rares ; nous plaidons ici la cause de tous, car les récoltes qui donnent *quantité* et *qualité* profitent à tout le monde. La misère est moins grande ; le peuple vit heureux du produit de son travail, ce qui l'empêche de *murmurer*..... Mais nos vœux seront-ils exaucés ?

Si la vigne *va bien*, cela ne suffit pas !

Et les céréales ?...

Nous venons de faire une petite excursion en Normandie, dans les environs de Pacy-sur-Eure, et nous avons remarqué que si, dans les terres en bon état, les blés sont beaux et n'ont rien à craindre, il n'en est pas de même dans les terrains inférieurs et maigres ; ils sont très-faibles et ont beaucoup de peine à *épier*. Le rendement en sera peu satisfaisant.

En traversant un petit chemin qui conduit de Rouvray au hameau de Cocherel, où Duguesclin, en 1364, gagna sur les Anglais une bataille mémorable, — riche présent qu'il fit à Charles V, — j'aperçus une procession arrêtée devant un *reposoir* : un prêtre récitait des prières et les fidèles se tenaient prosternés à deux genoux.

— Pourquoi cette procession ? demandai-je à un brave paysan.

— M'sieu, c'est pour la sécheresse !

Je pensai aussitôt à notre bonne ville de Paris, où on parle — depuis quelque temps — de tirer le canon pour ébranler les nuages, et je me dis :

— Quoi donc, en Normandie aussi, on a recours à des *canons* (sacrés) pour conjurer les ardeurs de notre soleil *exotique* !.....

9 juillet 1870.

XXVIII

Histoire de la vigne. — Les procédés antiques. — Les vins
des Romains. — Les vignobles de France, leurs produits
et les droits qui les frappent.

Puisque nous sommes à Bercy, le *vignoble* par excellence, voyons quel usage les anciens et particulièrement les Romains, faisaient de la découverte du patriarche Noé.

Tout porte à croire que la première vigne fut plantée sur les coteaux entre le Tigre et l'Euphrate, à peu de distance du mont Ararat, où s'arrêta l'arche après le déluge. La culture se répandit ensuite dans les autres contrées du monde; les Égyptiens l'auraient, d'après l'histoire, enseignée aux Grecs, qui la transmirent aux peuples de l'Europe.

Dans l'histoire romaine, il n'est question de la vigne que longtemps après la fondation de Rome. L'industrie des vins fit des progrès, et le nombre des procédés employés pour la conservation et l'amélioration du vin est incalculable. Ils employaient le plâtre, la chaux, le soufre, la craie, le sable, la résine, la lie de vin nouvelle, l'eau de mer, les raisins secs, les herbes aromatiques et une foule d'autres substances. Chaque pays avait son mode particulier de mélange.

Dans certains endroits de l'Italie, on mêlait encore au vin une certaine quantité de moût, réduite par la cuisson au tiers ou au quart, après quoi on l'aromatisait avec de la lavande, de l'iris, puis on l'étendait d'eau salée ou d'eau de mer.

C'était dans le but d'aider à la dépuration du vin que les Romains faisaient usage de ces différentes substances qui contribuaient, en outre, à sa clarification. Elles avaient encore l'avantage d'être, pour la plupart, dessiccatives, d'aider ainsi puissamment à sa conservation par l'absorption du superflu et de l'humidité.

César Constantin, l'un des plus habiles agronomes de ces temps reculés, conseillait de mettre environ la hauteur d'un doigt d'eau de mer dans chaque vase vinaire lorsqu'il est plein : il prétendait que l'eau de mer, outre la propriété d'empêcher l'*exaltation* des esprits, possède encore celle, non moins précieuse, de diviser et de faire précipiter toutes les parties grossières. Il ajoutait que les amandes pilées mélangées avec de l'argile ou de l'huile d'olive très-douce, accéléraient la clarification, pour laquelle il indiquait également de se servir de blanc d'œuf, pratique qui s'est maintenue jusqu'à nos jours : quatre blancs d'œufs suffisent pour coller une barrique de 220 à 250 litres.

Pour donner aux vins de la vieillesse et les rendre plus agréables au goût, les Grecs avaient mis en usage les vins salés avec de l'eau de mer sur tout le littoral, et avec de la saumure dans l'intérieur du pays.

L'on rencontre encore de notre temps, dans la Provence, quelques propriétaires qui mêlent à leurs vins une petite quantité de sel. D'après César Constantin, le sel est un préservatif contre la pousse, les goûts de pourri et l'aigre.

Jamais les Romains ne laissaient leurs vins dans les mêmes vases plus de trois années. Ce temps écoulé, ils le soutiraient pour le mettre dans des vases de terre enduits de poix fondue. Ce soutirage se renouvelait de deux en deux ans, et il devait se faire quand les vaisseaux sortaient du four et qu'ils étaient encore bien chauds. Pour pratiquer cette opération, qui avait une grande importance à leurs yeux, ils avaient toujours égard aux saisons, à la nature particulière de chaque vin et aux vents régnants.

L'amphore et le cade étaient les deux espèces de vases de terre en usage parmi eux. L'amphore pouvait contenir environ 80 litres; il y en avait de forme carrée, cubique et même ovale, à deux anses et se rétrécissant vers le goulot. Quand elle était pleine, on la bouchait avec du liége et du plâtre.

Le cade avait la figure d'une pomme de pin : quelques auteurs prétendent qu'il contenait autant que l'amphore, d'autres la moitié plus. Ces vases étaient ensuite transportés dans une pièce exposée au midi, et située au plus haut étage de la maison.

L'Italie fournissait aux Romains deux sortes de vins : les vins fins et les vins communs. Ils faisaient usage de deux méthodes différentes pour les conserver ; ils conservaient les vins communs en les exposant au froid et à l'air frais, et les vins fins et généreux, à la chaleur du soleil, à celle du feu et même de la fumée.

Chaque maison de patricien était munie d'un *fumarium* qui ne servait qu'à ce seul objet. Les vins généreux pouvaient se conserver pendant un siècle et plus. En vieillissant, ils acquéraient la consistance du miel, et pour les rendre potables et les boire, on les délayait avec de l'eau chaude, ensuite on les passait à travers un tamis et on les rafraîchissait avec de la glace ou de la neige, soit en mêlant l'un et l'autre au vin, soit en y plaçant les flacons.

En Grèce et en Asie il y avait des vins qui, renfermés dans de grands flacons et suspendus auprès d'un feu de cheminée, acquéraient par l'évaporation la dureté du sol. Pour le boire, on était obligé de le réduire en poudre et de le délayer avec de l'eau. Ces sortes de vins avaient l'avantage de se conserver indéfiniment.

Chez les Romains, surtout à dater de l'époque de leur décadence, le luxe de la table avait été poussé si loin, que tout ce qui pouvait flatter l'odorat, satisfaire le goût et l'estomac, était devenu l'objet d'études sérieuses et incessantes, de recherches approfondies, d'expériences multiples.

Aussi n'est-il pas étonnant qu'ils se soient donné tant de peines et de soins pour se procurer et perfectionner une liqueur si précieuse.

Le Cécube, le Falerne, le Sorrente, le Gauvanien et le Massique, les meilleurs vins d'Italie de l'époque, étaient servis chaque jour sur leurs tables. Tous ces vins se récoltaient alors dans la Campanie. Mais il ne leur suffisait pas de boire ces excellents vins; ils en faisaient venir d'autres encore parmi les plus renommés de Grèce et d'Asie.

Le vin est devenu, en France, un besoin à peu près général, et l'on peut dire qu'il est, après les céréales, la principale richesse de notre sol.

La culture de la vigne ne couvre pas moins de 2 millions d'hectares, dont 450,000 ont été plantés depuis un petit nombre d'années seulement, et dont la production moyenne est de 50 à 55 millions d'hectolitres, ayant sur place une valeur de 500 millions de francs.

Les droits, sur l'ensemble des boissons, rapportent au Trésor *cent vingt millions*.

Enfin, le mouvement des affaires auxquelles le produit de la vigne donne lieu, excède de beaucoup, en France, la somme énorme de *un milliard*.

20 août 1870.

XXIX

Les droits d'octroi. — Précautions prises par les arrondissements de Saint-Denis et de Sceaux, des cantons de Villejuif, Genevilliers, Créteil et Maisons. — Les récoltes en meules. — La France en deuil. — Chassons l'ennemi.

Les événements qui se sont succédé depuis un mois ont paralysé les affaires de cet important marché.

Seuls, les détaillants de la capitale viennent faire de petits achats, au fur et à mesure de leurs besoins. Dans l'ensemble, on trouve encore de fortes quantités enlevées de Bercy, car les marchands de vins au détail ne manquent pas de visiteurs. La consommation, disons-le, serait plus forte, si la plupart des ateliers n'étaient pas fermés : les ouvriers ne travaillent pas et il en résulte de très-grandes privations dans les ménages.

Toutefois, le grand mouvement parisien profite au commerce des liquides et la récente mesure qui accorde un nouveau délai de trente jours pour le payement des effets met chacun à son aise. La Banque de France agit sagement en faisant connaître tout d'abord à ses clients ceux qui ne payent pas à échéance fixe : le remboursement est demandé quelques jours après, pour éviter toute erreur.

En effet, avant de livrer la marchandise qui lui est demandée, *après une échéance*, le négociant doit savoir si son client a payé ou non, afin d'apprécier sa conduite ; on pourrait avoir affaire à des souscripteurs ayant profité des délais accordés, quoique se trouvant en position de remplir exactement leurs engagements ; il serait prudent, le cas échéant, de ne pas leur accorder un nouveau crédit.

Il est entré à Bercy de fortes quantités de liquides provenant des alentours de Paris, et le stock est bien garni.

En présence de la marche de l'ennemi vers la capitale, l'administration a enjoint au commerce de renfermer ses eaux-de-vie et alcools sous les vastes voûtes du chemin de fer de Lyon, à proximité de la rue Nicolaï. Les matières inflammables se trouvent donc à l'abri de l'incendie.

On a établi, sur certains points de l'entrepôt de Bercy, des postes de pompiers, ce qui est au mieux. Puis, sur le quai, on a installé des postes de douaniers pour maintenir l'ordre, en cas de besoin.

Un grand nombre de Parisiens, s'imaginant que les droits d'octroi étaient supprimés, affluaient, la semaine dernière, à Bercy, pour faire leurs provisions, mais, hélas! ils étaient dans l'erreur la plus complète.

Les droits d'octroi sont toujours en vigueur. Il importe de bien déterminer le sens du décret qui suspend *provisoirement* la perception des droits d'entrée et d'octroi *aux portes de Paris.*

Ce décret, ainsi que l'indiquent ses considérants, a pour but de faciliter aux populations des communes du département de la Seine l'entrée *immédiate* des denrées et marchandises qui doivent être soustraites aux ravages de la barbarie prussienne ; il ne saurait être appliqué aux marchandises introduites par le commerce.

Il résulterait de cette dispense une diminution de recettes que la ville de Paris, grevée plus que jamais de lourdes charges, ne pourrait supporter.

Le principe de l'égalité serait, en outre, blessé au préjudice des négociants qui ont acquitté les droits ou dont les marchandises sont, comme ici, en entrepôt.

Il est bien entendu que les négociants du dehors qui voudront introduire des marchandises en entrepôt en conservent la faculté.

Les employés de l'octroi sont chargés de la surveillance que nécessite cette situation provisoire. Ils offriront aux habitants des départements qui rentrent dans Paris un précieux concours pour les indications qu'ils ont mission de leur fournir.

Tout a été prévu aussi pour les propriétaires et cultivateurs des arrondissements de Saint-Denis et de Sceaux qui ont à rentrer leurs récoltes dans Paris ; ils trouvent aux portes de la capitale les renseignements qui leur sont utiles pour diriger ces récoltes sur les dépôts qui leur sont offerts, savoir :

Pour le canton de Villejuif et environs, un terrain de 32,000 mètres, rue du Chevaleret, n°s 36 et 50 (13e arrondissement) ; pour Genevilliers et environs, un terrain de 34,000 mètres, quai de Javel, 85 et 87 (15e arrondissement) ;

Pour Créteil et Maisons, un terrain de 10,000 mètres, rue de l'Ave-Maria, derrière le lycée Charlemagne.

La disposition de ces emplacements permet de dresser les récoltes en meules.

Maintenant, si l'ennemi est affamé, il trouvera quelques acanthes laissées à son intention sur des terres abandonnées et encore imbibées des larmes de ces pauvres paysans, obligés de se réfugier avec leurs enfants dans la grande ville du monde civilisé.

Tristes conséquences d'une guerre entreprise dans des conditions pitoyables !

La France est en deuil !

On pleure un époux, un fils, un frère, un ami, et le sang coule toujours !... Quelle calamité ! Ah ! notre jeune génération dira plus tard à ses enfants combien elle a souffert en 1870 !

Alors que les peuples devraient, — confondus dans une seule et même pensée, — se donner la main, ils *perfectionnent* des engins de guerre, des armes meurtrières !... C'est à qui trouvera le meilleur moyen de décimer l'espèce humaine ! On s'égorge, on s'entretue, c'est une lutte fratricide ; car je ne vois dans l'homme, quelle que soit sa nationalité, qu'un habitant de la terre créé pour la faire fructifier par le travail, à l'abri de ces passions contraires au progrès et à la civilisation.

C'est aux arts de la paix qu'appartient désormais l'avenir ; c'est vers le travail et l'industrie que se dirigent tous les esprits élevés ; c'est au culte de la science que se vouent les hommes sérieux.

Assez de sang versé, assez de dissensions ; faisons une halte au milieu des champs de la civilisation : substituons au bruit de la guerre le bruit des machines de paix ; au lieu des cris des combattants, que les airs retentissent du chant des travailleurs ; que le pavé des villes ne résonne plus sous le poids des instruments de destruction ; mais que le bruit des forges, des marteaux, des métiers, vienne frapper nos oreilles ! au lieu de grandes batailles, établissons de vastes marchés, où les peuples de tous les points du globe viendront échanger leurs produits et apprendre à se connaître et à s'aimer.

Marchons en tenant à la main le flambeau qui éclaire et non la torche qui incendie !

Mais, malheureusement, aujourd'hui nous ne pouvons avoir qu'un cri à la bouche : Chassons l'ennemi !

15 septembre 1870.

XXX

On paye comptant. — Consommation de Paris. — Prix des
vins. — Crainte de la misère. — Récoltes futures. —
Désastres produits par l'invasion prussienne.

Si, depuis l'investissement de Paris, les affaires commerciales se sont considérablement ralenties, on peut
dire que les marchands de vins, eaux-de-vie et liqueurs
sont favorisés, en même temps que le commerce des denrées alimentaires, par des ventes quotidiennes, leur offrant d'autant plus d'avantages qu'aujourd'hui tout le
monde paye au comptant.

Quiconque se présente chez le boucher, le boulanger,
l'épicier, le fruitier et chez le marchand de vins, n'enlève
rien sans payer, et c'est bien naturel, car les détenteurs
de marchandises, de leur côté, ont besoin d'argent pour
approvisionner leurs maisons et satisfaire aux demandes
de la clientèle.

Le commerce des vins ne se plaindra pas : la consommation parisienne est très-forte, surtout depuis un mois,
et nous ferons remarquer que si, chaque jour, Bercy expédie de fortes quantités au commerce de détail, indé-
pendamment de celles achetées pour les besoins des
ménages, le vide n'est pas remplacé; voilà bientôt six
semaines que tout arrivage des vignobles a cessé.

Mais, rassurons-nous : Bercy et l'entrepôt du quai Saint-
Bernard sont encore suffisamment approvisionnés pour
plusieurs mois, et Paris ne sera pas privé d'une boisson
si bienfaisante... surtout pendant cette saison humide.

Avec du pain, de la viande et du vin, on a de quoi attendre des jours meilleurs.

Comme conséquence du manque d'arrivages, les prix

se tiennent à de bonnes limites ; et même certains vins du Midi ont augmenté de 1 à 2 francs par hectolitre.

On vend de beaux roussillons, pesant 18 degrés, à 44 et 45 fr. l'hectolitre, en entrepôt ; l'acheteur doit ajouter à ce prix 20 fr. 60 cent. par hectolitre pour droits d'octroi, ce qui met le vin à 64 cent. le litre, et l'on en vend sur le comptoir à 60 cent. La chose est très-facile à comprendre : pesez le liquide acheté à 18 degrés et vous verrez... qu'il y a encore... du *bénéfice !*...

> Si *saint Gall* coupe le raisin,
> C'est mauvais signe pour le vin.

Mais *saint Prussien* s'est chargé de la besogne : la cueillette est faite dans les départements de la Seine, Seine-et-Marne et Seine-et-Oise.

Braves paysans ! où sont vos fermes ? que sont devenues vos récoltes ?...

Les barbares ont tout pillé, sous prétexte de faire la guerre !...

Il ne faut donc pas compter sur les vins nouveaux des environs de Paris, qui produisent en moyenne deux cent mille pièces de vins par an...

Ajoutez à ces pertes considérables celles éprouvées en Champagne et dans d'autres vignobles de l'Est, et vous serez effrayés de la misère qui va se produire cet hiver !...

Une seule contrée de la France sera privilégiée, cette année, sous le rapport de la récolte : le *Midi* doit donner *quantité* et *qualité* ; mais les prix seront tenus avec fermeté, en raison des faibles quantités qui vont être récoltées dans plusieurs départements vinicoles.

Privés de nouvelles de la province, nous ne savons pas ce qui se passe dans nos vignobles ; mais, il y a un mois, l'apparence de la récolte était magnifique dans l'Aude, le Gard, l'Hérault et autres départements du Midi. La

Loire, le Loir-et-Cher, le Cher, la Lorraine et la Basse-Bourgogne promettaient de bonnes récoltes.

Depuis lors, le temps est resté au beau ; les quelques pluies qui sont tombées à la suite des dernières chaleurs n'ont pas dû nuire au raisin, et tout porte à croire que, dans l'ensemble, la récolte de 1870 ne dépassera pas une bonne demi-année ordinaire.

Nous voudrions dire plus, mais que de récoltes anéanties, pillées ou volées par l'invasion prussienne! Quand donc le mot *guerre* sera-t-il supprimé à tout jamais?.....

21 octobre 1870.

XXXI

Les approvisionnements de Bercy. — Le prix des vins. —
La trinité des restaurants — Représentation billardienne.

On a fait courir le bruit que l'entrepôt de Bercy était
considérablement dégarni, et qu'il ne lui serait plus
possible, d'ici à un mois, de répondre aux besoins de la
consommation parisienne : c'est une grande erreur.

Si, depuis le commencement du mois, quelques spé-
culateurs, à la recherche de fortes parties, n'ont pas
trouvé leur affaire dans les principales maisons de cet
important marché, cela provient, en effet, de la rareté
de certains produits du Midi ; mais, disons-le tout de
suite, les détenteurs de marchandises réservent leur
stock, pour alimenter leurs clients habituels, qui n'opèrent, d'ailleurs, que par petites quantités.

N'oublions pas, non plus, que, au moment de l'investissement de la capitale, la clientèle bourgeoise était bien
approvisionnée ; on comptait trois ou quatre pièces de vin
dans la cave de ménages composés de deux, trois personnes ; et une pièce de la contenance de 225 litres, pro-
duisant 300 bouteilles, peut durer trois mois, à raison de
trois bouteilles par jour.

Il n'y a donc pas lieu de s'effrayer, de ce côté ; maintenant, il s'agit de la consommation faite sur le comptoir, chez les débitants, restaurateurs et limonadiers ; eh
bien, Bercy est encore suffisamment garni pour trois
mois ! Toutefois, comme les vins communs ont été enlevés
en septembre et octobre, il ne reste plus que les meilleures qualités, en vin du Midi, du Bordelais et du Mâconnais : conséquemment, élévation des cours. — Il fallait

s'y attendre, et si le blocus continue tout le mois, la hausse sera encore bien plus forte en décembre.

Sans doute, les vins ont dû subir une augmentation, mais dans une proportion inférieure à celle d'autres marchandises de première nécessité.

Une pièce de Bordeaux ordinaire, qui était cotée il y a un mois 170 francs *dans Paris*, c'est-à-dire droits compris, vaut aujourd'hui de 180 à 185 francs. Les Roussillons, premiers choix, 18 degrés, qu'on vendait de 40 à 42 fr. l'hectolitre, valent de 44 à 46 fr. l'hectolitre, *en entrepôt*.

On peut avoir une pièce de vin de Mâcon petite qualité, pour 160 fr. dans Paris (212 litres). Quant aux vins de Basse-Bourgogne, il n'en reste plus sur place.

Que les Parisiens se rassurent donc, ce n'est pas le vin qui manquera ! Il y en a à Bercy, à l'entrepôt du quai Saint-Bernard, et dans les caves particulières et tout ne sera pas bu après la guerre.

L'année dernière, à pareille époque, le quai de Bercy était envahi par d'innombrables fûts de vins nouveaux, arrivés de la Basse-Bourgogne, du Cher, de la Loire, du Loiret et du Loir-et-Cher. Cette année, hélas ! tout est calme... Le port n'est peuplé que de fûts vides, prêts à partir, par bateaux, en Bourgogne, pour revenir pleins. Les vignerons attendent avec impatience qu'il leur soit possible de faire leur voyage annuel à Bercy ; on les voit, après la récolte, installés sur le port de Bercy, devant leurs *cavées*, les offrant aux passants, avec l'aide de courtiers, commissionnaires, commis, lesquels en sont réduits actuellement, *lorsqu'ils ne sont pas sous les armes*, *à s'exercer* au *Rocher*, aux *Marronniers* ou au *Sapeur*, la trinité merveilleuse des restaurants de Bercy.

Et comme ces messieurs de Bercy aiment la locomotion, ils se livrent au carambolage avec cette adresse connue autrefois à Berger et à Barthélemy.

Si vous voulez voir de bons et *beaux* (?) joueurs, allez à Bercy et vous assisterez à une véritable représentation *billardienne*.

14 novembre 1870.

Les *petites qualités*. — 70 centimes et 1 franc. — La fin des épreuves.

S'il fallait ajouter foi aux *on-dit*, les vins seraient à la veille d'être réquisitionnés. Nous n'en croyons rien.

Nous l'avons déjà dit, et nous sommes en mesure de l'affirmer, le stock de Bercy, de l'entrepôt du quai Saint-Bernard et d'autres dépôts particuliers, est suffisant pour longtemps encore : trois mois au moins.

Avant, bien avant l'expiration de ce délai, nous serons débloqués et ravitaillés. Et le commerce des vins sera d'autant mieux approvisionné, que les vins de la dernière récolte attendent l'ouverture d'une voie ferrée pour faire leur apparition sur la place.

Les vignerons ont pu vendre quelques-uns de leurs produits au pays, mais pas en assez grande quantité pour qu'ils puissent combler les vides faits à leur modeste budget.

Dès qu'il y aura possibilité, ils expédieront donc leurs vins sur Bercy-Entrepôt, le plus vaste marché qui soit connu pour le commerce des liquides.

S'il y a encore du vin pour une période de trois mois, comment se fait-il, disait dernièrement la *Patrie*, que les négociants aient augmenté leurs marchandises?

La réponse est facile :

Depuis le 15 septembre dernier, il n'est entré aucun produit vinicole dans Paris, et pendant 90 jours, les détaillants ont successivement acheté, soit à Bercy, soit à l'entrepôt, en donnant la préférence aux *petites qualités* cotées au-dessous de 100 fr. la pièce, en entrepôt.

Or, le bon marché est épuisé, et nous restons maintenant avec des vins dont le prix dépasse 100 fr. la pièce, en entrepôt. Les droits d'octroi sont de 20 fr. 60 c. par hectolitre, ce qui représente près de 50 fr. par pièce de 225 à 230 litres. — Conséquemment, lorsqu'un client vient aux provisions, le détenteur lui fait observer « que les vins de *petite qualité* sont consommés et que ce qui reste à vendre est coté plus cher. »

Le détaillant est à même de s'en rendre compte *de gustu*, et n'achète, d'ailleurs, — comme on dit sur place, — qu'à son corps défendant.

Toutefois, et nous en appelons au témoignage de toute personne qui n'a pas de *parti pris*, les vins n'ont pas subi cette hausse exagérée qu'ont subie presque toutes nos denrées alimentaires.

On peut avoir un litre de bon vin pour *70 centimes*, tandis qu'un œuf coûte aujourd'hui *un franc* et plus!...

Il y a parfois des situations pénibles dans la vie des peuples, et l'on peut dire que le nôtre est cruellement éprouvé depuis près de six mois. Espérons, cependant, que nous touchons à la fin de nos terribles épreuves, et que bientôt Paris débloqué sera largement indemnisé de ses souffrances morales et physiques.

22 décembre 1870.

XXXIII

Le National et *la Patrie.* — L'achat sur bateau. — Les renforts du dehors.

La *Patrie*, après avoir reproduit, il y a quelques jours, un excellent article du *National* : *La question du vin*, aborde de nouveau la même question et se livre, dans son numéro du 15, à un travail statistique sur lequel nous aurons occasion de revenir plus tard.

La *Patrie* termine ainsi son article :

« Sous le rapport de l'approvisionnement, les marchands en gros en ont toujours une année d'avance ; de sorte que l'approvisionnement de l'année 1870 étant à peine entamé, il doit rester un stock de cette boisson assez considérable. Le manque de vin ne saurait donc avoir lieu. C'est, au surplus, à l'autorité supérieure à prendre ses renseignements à ce sujet, et à agir selon les besoins du moment critique où nous nous trouvons. Dans notre appréciation, il doit exister une quantité de vins suffisante à la consommation de Paris pendant plusieurs mois encore ; le rationnement nous paraît être une mesure inutile à prendre. »

Cet alinéa mérite une réponse immédiate et c'est pourquoi nous venons tout d'abord de le citer.

Le rédacteur anonyme de la *Patrie* a été mal renseigné : autrement il n'eût pas écrit « que les marchands en gros ont toujours, sous le rapport de l'approvisionnement, une année d'avance et que celui de l'année 1870 est à peine entamé. » — Depuis l'établissement des chemins de fer, le commerce de gros ne fait venir ses vins des vignobles qu'au fur et à mesure des besoins de sa clientête : si un article lui manque, il peut le recevoir — du Midi même — au bout de douze à quinze jours de commande faite à son commissionnaire du lieu de production.

De cette façon, on évite des frais de toutes sortes : coulage, réparations de fûts, intérêt d'argent qui se trouverait immobilisé par un long séjour en magasin, etc.

Lorsque les vins arrivaient en bateau. deux fois l'an — au mois d'avril et après la récolte, — non-seulement les marchands en gros, mais encore certains détaillants de la capitale ayant un petit magasin à Bercy ou à l'entrepôt du quai Saint-Bernard, s'approvisionnaient pour environ six mois; ceux qui achetaient au printemps, *sur bateau*, comme on disait alors, ne prenaient que le strict nécessaire pour attendre les arrivages des vins nouveaux, au mois d'octobre. A cette époque, le port de Bercy était très-animé; les berges étaient pleines de tonneaux débarqués pour être réexpédiés, sur voiture, dans les entrepôts particuliers. Les produits de la Basse-Bourgogne, de la Loire, du Cher et de l'Orléanais encombraient en grande partie le port de Bercy. On eût dit la *foire au vin;* mais tout cela a changé !

La marine a beaucoup perdu depuis vingt ans. — Aujourd'hui, ce sont les chemins de fer de Lyon et d'Orléans qui amènent à Paris presque tous les vins de nos grands vignobles. Conséquemment, les arrivages sont multiples; tous les jours, Paris et sa banlieue reçoivent des vins.

Cette célérité de transport permet donc aux négociants en gros de ne pas se charger de marchandises au détriment de leurs intérêts; nous connaissons des commerçants qui font venir un demi-muid, deux demi-muids à la fois de Cette, Narbonne, Montpellier et autres grands marchés du Midi.

On le voit, nous sommes loin de l'approvisionnement « d'un an a l'avance » dont parle la *Patrie*. Et nous ajoutons que, chaque année, à l'approche des vendanges, Bercy et l'Entrepôt ont un stock très-faible, représentant une moyenne de six mois de consommation, par la raison que, en attendant le résultat de la récolte pendante, on ne traite que d'assortiments. La preuve, c'est qu'en août et septembre, plusieurs maisons de gros, manquant de petits vins — pour le comptoir — s'adressent aux commissionnaires de la place de Bercy, habituellement approvisionnés — plus ou moins — en vins de toutes sortes.

C'est précisément à la veille des vendanges que Paris a été investi; le commerce en gros des liquides, — qui comptait sur les vins nouveaux (1870), — ne possédait donc, au début du siége, que des quantités ordinaires, — comme chaque année en septembre, et si le stock s'est trouvé augmenté dans une notable proportion, c'est qu'un grand nombre de marchands en gros de la banlieue de Seine-et-Marne et de Seine-et-Oise se sont réfugiés à Paris avec leurs marchandises.

Or, depuis cinq mois, Paris a consommé ce qu'il consomme habituellement de vins en une année, et le *National* vient de fournir à ce sujet des explications qui ne sauraient être réfutées. Grâce au renfort venu du dehors, le vin ne manquera pas de sitôt dans la capitale; et nous sommes, cette fois, de l'avis de la *Patrie*, en disant « que le rationnement nous paraît être une mesure inutile à prendre. » D'ailleurs, il n'est pas question de cela en haut lieu, que je sache, et si l'article est en hausse, cela tient à l'épuisement des qualités ordinaires.

Le commerce de gros n'a plus que des vins vieux de bouteilles, valant de 190 à 200 fr. la pièce de 225 litres, droits compris. — Aussi nos détaillants sont-ils obligés d'élever leurs prix, tout en n'obtenant que de minimes bénéfices, quoi qu'en disent certaines feuilles.

17 janvier 1871.

XXXIV

Un bateau bienvenu. — Trois cents feuillettes. -- La
dernière récolte.

Si, au mois d'août dernier, on nous eût dit : « Paris ne
recevra pas de vins nouveaux avant la seconde quinzaine
de février, » nous nous fussions empressés de répondre :
pas possible!... Et pourtant, chers lecteurs, février allait
s'écouler sans que Bercy reçût le moindre ravitaillement,
lorsque, il y a quatre jours, un bateau, venant de la
Basse-Bourgogne, fit son entrée solennelle dans le bassin
de Bercy, avec un chargement de 300 feuillettes de vin
rouge nouveau.

Le marinier nous a appris qu'il avait dû surmonter
de grands obstacles pour pouvoir arriver, et que d'autres
bateaux avaient été arrêtés par les Prussiens à Laroche
(Yonne).

Attendons qu'il plaise aux hommes de Guillaume de
mettre fin à cette piraterie bien digne de leur civilisation,
et nous recevrons sans doute les bateaux interceptés au
passage, à moins que leur contenu n'ait été expédié en
Allemagne!...

Dame, ces messieurs connaissent la manière de s'en
servir! Pour eux, tous les moyens sont bons : *La force ne
prime-t-elle pas le droit?*...

L'arrivée des trois cents feuillettes dont nous venons de
parler a été saluée des plus vives acclamations de la foule
qui se pressait sur la berge, pour procéder *à la dégustation.* Il a suffi de quelques instants pour que ces vins
fussent achetés à des prix assez élevés : les meilleures
cuvées ont été vendues à raison de 150 francs le muid
(272 litres); celles de qualité ordinaire, de 130 à 140

francs le muid en entrepôt. Pour l'octroi de Paris, 20 fr. 60 c. par hectolitre à ajouter aux prix qui précèdent.

D'après les renseignements qui nous ont été fournis, le département de l'Yonne a produit, en 1870, des vins de bonne qualité, et les arrivages de cet important vignoble seront nombreux quand les Allemands ne souilleront plus notre sol.

Disons aussi qu'il est arrivé, en gare de chemin de fer, près de 200 barriques de vin qui étaient arrêtées depuis longtemps sur les lignes! elles ont donc pu échapper à *la surveillance* de l'ennemi!...

Maintenant que nous pouvons recevoir des nouvelles de la province, nous ne tarderons pas à être fixés sur le résultat de la dernière récolte: ce sera l'objet d'un article spécial. Aujourd'hui, nous n'avons qu'un faible aperçu de la situation vinicole, tant au point de vue des quantités qu'au point de vue des qualités. Les prix ne sont pas encore établis.

Au début, les cours sont élevés sur place, notamment lorsqu'il ne s'y trouve qu'un faible stock. Dans un mois, croyons-nous, la cote des vins de toutes sortes sera officielle.

En attendant, nous n'aurons que des prix de fantaisie; il ne faut donc pas s'y arrêter.

Le Midi, qui a fait une bonne récolte qualité et quantité, a expédié, le mois dernier, de grandes quantités à destination de Bercy. Les vins font route, par mer, sur le Havre, d'où ils seront réexpédiés par chemin de fer à Paris.

Mais les transports s'effectuent difficilement, surtout par la voie ferrée, et les produits du Midi n'arriveront pas avant le courant de mars.

Il est donc facile de prévoir que le stock de Bercy diminuant de plus en plus, le commerce de Paris devra subir encore, pendant un mois, des prix élevés, au détriment des consommateurs, si éprouvés depuis cinq mois.

22 février 1871

XXXV

La *Feuille commerciale de Cette*. — Le cours des vins
vieux.

Depuis le commencement du mois, le marché de Bercy
n'a reçu, en grande partie, que des vins nouveaux de la
Basse-Bourgogne, arrivés par bateaux et vendus de suite
à des prix très-élevés : 160, 170, 180 fr. le muid (272 litres). Si l'on ajoute 20 fr. 60 par hectolitre pour droits
d'entrée dans Paris, on arrive à un prix moyen de 195 fr.
pour un muid de 272 litres de vin nouveau !

La cote est d'autant plus élevée que, grâce à la suspen-
sion inexplicable des transports de vins par chemin de
fer, les vignobles du centre ne peuvent rien expédier à
Paris. — Quelques vins du Midi, — des roussillons, —
ont pu toutefois, à force de grands sacrifices faits par les
propriétaires, arriver à Bercy par le chemin de fer d'Orléans, après avoir fait station à Vierzon.

Le vin est un de nos plus importants besoins de ravitaillement, après un siége de cinq mois qui a mis le
commerce de gros dans l'impossibilité de recevoir la
moindre quantité. Lorsque l'entrepôt de Bercy sera bien
approvisionné, il y aura plus de choix pour l'acheteur
et les prix devront s'établir à des limites raisonnables à
l'endroit des vins nouveaux.

Aujourd'hui, les quelques roussillons que possèdent les
maisons de commission sont tenus de 75 à 80 francs
l'hectolitre, en entrepôt ; mais la clientèle, en présence
de semblables prétentions, se tient sur une grande réserve et attend un stock plus considérable pour se livrer
aux achats.

Disons aussi que les vins de Roussillon, ne pouvant être employés qu'avec le secours de vins de l'intérieur, seront mieux recherchés le mois prochain, après les soutirages — opération qui retire habituellement de la couleur aux vins ordinaires de la Loire, du Cher, de la Touraine et autres vignobles du Centre, — attendus avec impatience sur place.

Les nouvelles du Midi sont à la hausse. En effet, nous lisons dans la *Feuille commerciale de Cette*, du 2 mars : — « Les vins ont donné lieu, dans la semaine écoulée, à un grand nombre d'affaires et dans des conditions de prix qui accusent une hausse très-sensible sur les cours antérieurs. — Une foule d'acheteurs parcourent la campagne et se livrent chaque jour à des achats importants.

» Nous avions sur place, ces jours derniers, les chefs de plusieurs maisons considérables de Paris, qui ont opéré sur des quantités rondes.

» Nos détenteurs, en l'état, relèvent de plus en plus leurs prétentions, et ils y sont encouragés, il faut bien le dire, par l'empressement des acheteurs qui acceptent assez volontiers ces nouvelles conditions.

» Nous estimons que les prix actuels, au milieu de tant de désastres, offrent à nos viticulteurs un retour inespéré, dont ils feront sagement de savoir profiter. Comme nous le disions plus haut, les achats de la semaine ont été considérables. »

D'après les renseignements que nous avons pu recueillir personnellement, nous ajouterons que si, dans certaines contrées, les prix sont encore très-élevés, cela tient au départ d'un grand nombre de négociants de Paris, qui sont allés mettre *le feu* au vignoble.

C'était à qui arriverait le premier chez le propriétaire pour acheter sa récolte, et les prétentions de ce dernier, déjà fortes, sont devenues exagérées.

Nécessité fait loi, dit-on, et nos gros négociants de Paris n'ont pas voulu rentrer chez eux sans avoir traité quelques affaires, — même à des prix exorbitants.

Le commerce n'est pas encore bien fixé sur le résultat

de la récolte de 1870. Cependant, on sait que, dans l'ensemble, l'on peut compter sur une bonne demi-année ordinaire.

Le Midi aurait été plus favorisé que partout ailleurs.

Le Bordelais et le Mâconnais ont produit de bonnes qualités ; de même, la Loire et la Basse-Bourgogne. Ces pays ont été envahis par l'ennemi, et beaucoup de quantités ont été absorbées par des réquisitions innombrables; les vignerons, qui ont besoin de se créer des ressources pour vivre, finiront par diminuer leurs prétentions, et seront les premiers à offrir le solde de leurs marchandises à des prix relativement raisonnables.

Nous ne terminerons pas cette revue sans dire un mot des vins vieux : Il n'en reste presque plus à Bercy ; car, à défaut de vins ordinaires, pour le commerce de détail, les négociants en gros se sont trouvés dans l'obligation d'écouler le peu qui leur restât en vins de 1868 et 1869. De là, on s'en souvient, cette hausse qui a marqué la dernière période du siége. Aussi, les cours des vins vieux sont-ils tenus avec une grande fermeté dans nos grands vignobles du Bordelais, du Mâconnais et de la Côte-d'Or, et nous devons nous attendre à les voir se maintenir pendant longtemps encore, à des prix élevés.

15 mars 1871.

XXXVI

Une tentative d'incendie. — Les ravages de la guerre
civile. — Le commandant Lambert.

Bercy vient d'échapper par miracle, on peut le dire, à
l'incendie que les brigands de la Commune avaient
résolu d'allumer dans la partie occupée par le commerce
des vins. — Une voiture, chargée de tonnes de pétrole,
se dirigeait vers le port, lorsque, arrivée près du pont
de Bercy, en face le marchand de vins Mussot, une vive
fusillade se fit entendre : les fédérés étaient mitraillés
par la troupe placée de l'autre côté du pont, à la gare
d'Ivry ; des projectiles atteignirent chevaux et charretier
qui tombèrent roides morts. Peu d'instants après, nos
troupes, pleines d'ardeur et d'entrain, franchirent la barricade qui les séparait des insurgés et s'emparèrent
du chargement de pétrole destiné à réduire en cendres
l'entrepôt de Bercy. Les magasins à fourrages du quai de
la Rapée devaient subir le même sort; mais, heureusement, les misérables n'ont pas eu le temps de réaliser
leurs infâmes projets, grâce à nos braves soldats qui les
mirent en fuite avec tant de promptitude.

Bercy-Entrepôt reste donc debout; mais on frémit
d'horreur en pensant aux incalculables conséquences
qui fussent résultées de son complet anéantissement.

Le quai n'en a pas moins souffert. — Une chaloupe-ca-
nonnière circulait sur la Seine et envoyait des obus aux
fédérés retranchés derrière les barricades élevées sur le
quai : plusieurs maisons furent atteintes; c'était inévitable, comme beaucoup d'autres à l'intérieur de la capitale, par des feux croisés.

Le petit hôtel-restaurant ayant pour enseigne : *Aux deux Perdrix*, au n° 10, reçut quelques obus à la toiture de la maison et le troisième étage prit feu; mais, grâce aussi à l'intervention des pompiers de Bercy, dont la conduite pendant ces jours de deuil mérite une mention toute particulière, l'immeuble fut sauvé, ainsi que les constructions voisines.

Au n° 12, le café Buffier fut complétement détruit. Toutefois, comme le service des pompiers était parfaitement organisé, il fut possible de préserver les magasins environnants de la fureur de l'incendie.

Le restaurant de *La Terrasse*, si recherché du temps de notre bien regretté Jullien, par les gais canotiers de la Seine, eut tout son matériel brisé.

Enfin, au n° 33, la maison Gaudet reçut à sa base de nombreux projectiles qui firent beaucoup de trouées. On s'empressa d'étayer les murs pour éviter un effondrement.

N'oublions pas de signaler un acte de sauvetage accompli par une vieille connaissance des négociants de Bercy : Benoît, le premier aide de camp du *Rocher de Cancale*.

Un obus, tombé dans l'un des magasins de MM. Boullay frères, 29, sur le quai, avait mis le feu, en éclatant, à la boiserie, lorsque ce courageux garçon se précipita sur le lieu du danger et parvint à éteindre ce commencement d'incendie, qui aurait pu prendre des proportions considérables.

Nous empruntons au *Gaulois* le récit suivant qui complétera nos renseignements sur la prise de Bercy par l'armée régulière.

Le 26 mai, à 2 heures et demie du matin, j'arrivai avec mon bataillon dans la rue Nicolaï. Le général Derrojat, sous les ordres duquel j'avais été placé, me fit dire d'occuper le chemin de fer et le passage Corbes et, si c'était possible, la mairie du XII⁰ arrondissement.

Je trouvai à l'entrée du passage un médecin de la Commune, qui me donna le mot de passe des insurgés : « *France et Ringue.* » A peine étais-je muni de ce précieux talisman, que je pus en faire l'essai sur un délégué de la Commune, le commandant. Un homme arrivait dans le passage. Je le forçai, le revolver au poing, à me suivre. Il protesta contre la violence que faisait le *citoyen* commandant à un délégué aussi bon patriote que lui. Je lui demandai les mots, qu'il s'empressa de me donner, ainsi que sa carte d'électeur et de membre de la Commune. Grand fut son étonnement de se voir, malgré ses titres, désarmé et solidement attaché. Les quolibets de nos hommes, murmurés à voix basse, finirent par lui démontrer qu'il était pris à un piége.

Heureusement que je n'avais pas affaire à un d'Assas, et je pus sans crainte continuer ma mission de *citoyen commandant.* J'allai avec une vingtaine d'hommes occuper l'autre extrémité du passage. J'y surpris le factionnaire de la Commune vaquant à un besoin très-pressant, et sous prétexte que ce n'était pas la posture que devait avoir une sentinelle, je le fis désarmer et attacher, toujours avec la même recommandation de garder le silence. Celui-ci non plus n'était pas un d'Assas.

Je fis alors cacher le sac de nos hommes, ordonnant à quelques-uns de se coucher, et à tous d'avoir l'air plus ou moins saoûls. Ce qu'ils firent avec un sérieux vraiment comique. Ces dispositions étaient à peine prises, qu'une patrouille d'insurgés se dirigea sur nous. Je me disposais à la recevoir, quand un de mes capitaines arriva me demander un ordre de détail; il ignorait ce qui se passait, car, le jour approchant, j'avais dû agir très promptement, et je n'avais pas eu le temps de l'avertir; il portait sur la poitrine une magnifique croix de la Légion d'honneur; je me précipite sur lui : d'un geste rapide, je le dégrade en lui disant: Silence! Le malheureux dut croire que je devenais fou ; mais, par habitude, il obéit; il n'était que temps; la patrouille passa, fut reconnue par le factionnaire qui, d'une voie avinée, cria : *Commune,* et donna le mot.

Malheureusement, en débouchant de la barricade construite sur le viaduc du chemin de fer, j'entendis crier :

Aux armes! et en même temps plusieurs coups de feu retentirent. C'était la compagnie que j'avais placée à la rue de Charenton qui, n'ayant pas montré patte assez rouge à la fameuse patrouille, occasionnait ces cris et ces coups de feu. Quelques gardes nationaux venant d'une rue latérale remontaient à quelques pas du passage Corbes. J'eus là, je l'avoue, un moment d'angoisse ; je me trouvais pris entre deux feux. Reculer sur la place de la Nativité n'était plus possible ; avancer était presque aussi impossible, et le chemin de fer par lequel arrivait une de nos compagnies était inabordable sur ce point. Je résolus de continuer mon rôle. Tout en avançant, je me mis à héler les gardes nationaux qui se trouvaient au haut de la rue, près du passage, et leur demandai : « *Qu'est-ce qui gna donc?* » Il me fut répondu : « Ce sont les Versaillais, parbleu ! Nous sommes trahis ! — Eh bien, il faut *leurs y tirer dessus quoi !*

— C'est ce que nous faisons, citoyen commandant. — A la bonne heure, là, vous êtes de bons bougres *et qu'ils y viennent !* »

Tout en haranguant de la sorte, j'arrivai au passage Corbes et tirai mon adjudant-major des craintes d'autant plus fortes où le plaçait mon absence, qu'il n'ignorait pas l'impossibilité d'agir. Quelques instants après, les coups de feu ayant cessé, je pris avec moi une quinzaine d'hommes auxquels j'ordonnai de porter l'arme d'une façon différente ; je leur fis placer leur casquette en arrière, et comme toujours je les prévenai d'avoir l'air ivre.

Tout cela fut fait avec le plus grand sérieux. Nous arrivâmes sur la place. Je désarmai la sentinelle, sous prétexte qu'elle avait abandonné son fusil peu d'instants avant mon arrivée. Je désarmai aussi celle de la porte, en la menaçant de mon revolver si elle disait un mot.

Je fis saisir l'un après l'autre tous les gardes nationaux, leur reprochant de ne pas veiller suffisamment bien à l'arrivée des j... f... de Versaillais, puis je fouillai toute la place. le revolver au poing, l'air farouche, faisant grand bruit, terrorisant les braves gens, qui m'avouèrent quelques heures après avoir dit de moi :

— Voilà encore ce gredin de Philippe qui fait des siennes.

On me prenait pour le membre de la Commune, délégué à la mairie du XIIe arrondissement.

C'était peu flatteur pour moi ; mais en ce moment je ne m'en souciais. J'eus le bonheur de voir venir s'adjoindre à moi quelques gardes nationaux, que je fis impitoyablement désarmer parce qu'ils arrivaient bien tard : ils essayèrent de s'excuser, mais je ne voulus rien entendre.

Je continuai mes perquisitions jusqu'au moment où arriva ma compagnie sur le chemin de fer qui borde le fond de la place. L'opération avait été longue, parce que mes hommes avaient dû monter l'un après l'autre par une échelle qu'on avait cherchée longtemps dans le passage Corbes.

En ce moment, j'étais maître de la position. Je mis la main sur la pièce de siége braquée dans la rue de Bercy, et, au grand ébahissement des habitants, je m'écriai : « Vive Versailles! ou plutôt Vive la France! »

Pendant longtemps on ne voulut pas me croire, et, pour dissiper toute crainte dans la population honnête, il ne fallut rien moins que l'arrivée d'une compagnie de renfort que M. le colonel du 112e de ligne voulut bien mettre à ma disposition. La vue des pantalons rouges fit cesser toute incertitude. Mais c'est égal, Bercy se souviendra longtemps du farouche communeux qui l'a fait trembler pendant plus d'une heure et qui menaçait d'ajouter d'autres ruines à celles de son église et de sa mairie encore fumantes.

Ce récit, ajoute le *Gaulois*, que nous avons tenu à donner tel que nous l'avons entendu, une fois terminé, nous voulûmes savoir le nom de l'officier qui avait accompli avec tant d'intelligence une mission difficile.

— Le commandant Lambert, de l'infanterie de marine, nous répondit-on.

En terminant, nous éprouvons du plaisir à rendre hommage au patriotisme et à la conduite pleine de sagesse et de fermeté du 52ᵉ bataillon de la garde nationale de Bercy, qui s'est constamment tenu à l'écart des agissements de la Commune, ne voulant pas, malgré des menaces *incendiaires* (et l'on sait pourquoi elles n'ont pas été suivies d'effet), pactiser avec des misérables de la pire espèce.

15 juin 1871.

XXXVII

Excursion à Fontainebleau. — Le Sylvain Denecourt.

Eh bien! oui, chers lecteurs, *ça chauffe!* Il n'y a pas un mois, nous nous plaignions des pluies et du froid; aujourd'hui, nous trouvons qu'il fait *trop chu,* comme dit le *Marseillais...* En vérité, je vous le dis, mes frères, nous ne serons jamais contents!... Que voulez-vous, les Parisiens sont incorrigibles!

Patience, les beaux jours ne disparaîtront que trop vite, hélas! pour faire place aux mois d'hiver..... Nous dirons alors *au revoir* à l'été : un *adieu* serait trop cruel.

Les vendanges nous feront oublier nos nombreuses fatigues; nous assisterons à une riche récolte, et l'*Argenteuil,* quoique arrivant un peu tardivement pour nous *rafraîchir,* n'en sera pas moins bien reçu par la consommation parisienne, qui a tant besoin de *calme...* Mais, arrêtons-nous! pas de médisance!.. Si l'*Argenteuil* manque de vinosité, *tanto melius :* pas trop n'en faut... (chut!).

Pendant l'horrible règne de la Commune, nous avons dû, comme des milliers de Parisiens, partir dans une autre contrée, pour échapper aux brigandages des chevaliers du pétrole. Frédo, un ami d'enfance, m'emmena à Fontainebleau, où je fus cordialement accueilli par sa famille, qui compte dans son sein Aristide Dauvin, le savant professeur de latin et d'histoire, que notre bien regretté Léon Gozlan affectionnait tant. Je reçus un accueil charmant, cela va sans dire, et j'en conserverai le meilleur des souvenirs.

— Mais, me dit Frédo, tu te trouveras en pays de connaissance : tu fais la chronique de Bercy à l'*Echo agricole*, et précisément la patrie du chasselas possède en ce moment un grand nombre de notables du commerce des vins de Bercy et de l'entrepôt, auxquels j'aurai du plaisir à te présenter.

Les admirateurs de Noé ne pouvaient choisir un endroit plus agréable, renommé par l'excellence de ses raisins de Thomery, By, Champagne et autres petits vignobles circonvoisins.

Je les parcourus en tous sens ; l'apparence était magnifique, mais les gelées de mai firent énormément de mal aux vignes blanches, et la Basse-Bourgogne en souffrit aussi du côté de Beines et de Chablis.

Les nouvelles qui nous parviennent des principaux vignobles sont rassurantes. Espérons donc que l'année 1871 produira tout à la fois quantité et qualité. La quantité a manqué en 1870... Mais, si le vin a pris une autre *destination*, nous connaissons les coupables : les Prussiens foulaient notre sol, pillaient, *absorbaient* à très-bon compte.

Dans tous les cas, si ces *messieurs*, après avoir bu et mangé notre bien, ont emporté meubles et pendules, ils n'ont pu *emballer* nos vignes, et nous jouirons encore, Dieu merci ! de notre plus riche produit.

J'étais à Fontainebleau et je m'y trouvais bien, parce que Fontainebleau, quand on quitte Paris, c'est un paradis à l'issue d'un enfer. Mon ami Auguste Luchet, qui fut gouverneur du château en 1848, m'avait accrédité, par une lettre charmante, auprès de Denecourt, son vieil ami, ce cher Sylvain, que ses quatre-vingt-trois années n'ont ni fatigué ni affaibli... Gloire à Denecourt, il m'a accueilli cordialement, et j'ai été bien heureux de parcourir sa *belle forêt*, comme il aime à l'appeler.

Quelques sites seulement étaient visités par les curieux et par les artistes, et l'on n'y pouvait aborder qu'au milieu des plus grandes difficultés. Denecourt tombe tout à coup idolâtre, c'est le mot, de cette belle forêt.

Il en explore tous les carrefours, tous les taillis, tous les bosquets, toutes les galeries, tous les rochers. Il dresse jour par jour le plan et l'inventaire des richesses et des merveilles qu'il découvre. Il les révèle à des enthousiastes comme lui; il y appelle les initiés et les profanes. A ses propres frais, pendant un nombre considérable d'années, il trace des sentiers, des chemins, des routes. Il baptise chaque magnificence, donne un nom à chaque arbre.

Par lui, la forêt s'éclaire et s'anime, on vient à elle, et l'on est stupéfait de trouver là aussi tout un monde d'admirables choses. Aussitôt voilà les peintres à l'œuvre. C'est à qui aura son atelier dans le voisinage de Fontainebleau. La forêt devient le modèle toujours varié des paysagistes les plus en renom, et les pages exquises que signe leur pinceau sont dues au respectable Denecourt.

Mais à ce jeu de découvertes, à ces traces de chemins, de routes et de plans, on dépense vite sa fortune; Denecourt voit s'enfuir la sienne : que lui importe ? *sa forêt* lui reste. Il vit en elle; il se console en elle : il est riche dans sa pauvreté.

Les poëtes reconnaissants envers Denecourt des vastes horizons qu'il a ouverts aux regards de la muse, l'en ont récompensé par le plus délicat des hommages. Ils ont fait pour ce Robinson de Fontainebleau un livre charmant, où chacun apporte sa part de poésie, d'*humour* ou de sentiment, et pour lequel Auguste Luchet, toujours infatigable, a fait une délicieuse préface.

Pour toute cette pléiade intelligente, Denecourt est réellement l'inventeur de la forêt de Fontainebleau ; et ces écrivains ont raison, si, selon la loi civile, l'inventeur est celui qui trouve dans un lieu quelconque les trésors qui y étaient cachés.

Pardonnez-moi, amis lecteurs, si je viens de faire une nouvelle excursion à Fontainebleau ; j'en rapporte du moins des renseignements que je suis heureux de vous fournir ; et si quelques-uns d'entre vous se souviennent de l'an-

cien habitué de Bouland — la *Rotonde* de Fontainebleau —
de celui qui, le 29 mai dernier, fêtait le retour des pompiers au milieu d'un enthousiasme indescriptible, ils ne
seront pas étonnés de son bavardage. Bien naturel,
d'ailleurs, puisqu'il avait pour but de parler du vénérable auteur de l'*Indicateur de Fontainebleau*, guide que
nous ne quittions pas pendant nos *vacances* (?), et au
moyen duquel il nous fut possible d'admirer tant de
merveilles (1) !

12 juillet 1871.

(1) Denecourt est mort le 14 mars 1875, et a emporté des
regrets universels. Dans sa jeunesse il avait été militaire ;
mais, après la campagne de Russie, il fut admis à la retraite
à cause de ses blessures, entra un moment dans les douanes,
et obtint à Versailles une cantine dans laquelle il réalisa une
modeste fortune ; il se fixa ensuite à Fontainebleau, où il
s'est éteint à l'âge de quatre-vingt-sept ans.

La liberté et la licence. — Un arrosage, s'il vous plait ! —
La mairie et l'église. — Une grande joute et pas de coups
de soleil !

Peu satisfaits, les habitants de Bercy ! Sous le *tyran*, les
voies étaient libres, l'édilité prenait soin des chemins et
les tenait dégagés de tout embarras de camions et de
haquets.

Aujourd'hui, liberté absolument républicaine, d'autres
diraient licence.

Sur le quai de Bercy, les camions, les voitures de toute
sorte, de toute grandeur, de toute forme, se heurtent,
se croisent. Pas d'ordre, pas de surveillance. Tout à
vau-l'eau. Sur les trottoirs, le moindre piéton qui s'ar-
rête intercepte la circulation; sur la chaussée, les *omnibus* forment barricade... Pas un fiacre ne peut déverser
son voyageur au numéro désigné.

Pas contents, les habitants de Bercy !

Sous Tarquin le Superbe, il y avait sur le quai, près
de la rue Gallois, un poste occupé par la garde de
Paris; depuis la chute de la Commune, qui l'avait uti-
lisé en y logeant des fédérés, ce poste est abandonné,
ouvert à tout vent et à tout venant, et sert d'abri aux
maraudeurs du port, qui profitent du voisinage des tonneaux rangés sur la berge pour apaiser une soif aussi
persistante que patriotique. Dame! le vin rouge! et
par la chaleur qu'il fait !

L'autre jour, un capitaine de place, croyant ce poste
occupé, est venu y faire sa ronde.

Il l'était effectivement, par de vieilles paillasses...
garnies... et par de nombreux rats échappés au siége, mais
de soldats, point !

Nous nous faisons l'écho d'un grand nombre d'habitants du quartier en demandant à l'autorité militaire le prompt rétablissement d'un poste dans ce quartier, si peu fréquenté d'ailleurs par les gardiens de la paix.

Pendant que nous sommes en train de réclamer, nous nous adressons à l'autorité municipale pour la prier de vouloir bien faire arroser régulièrement le quai de Bercy: depuis trois semaines, pas le plus petit arrosage... et, pourtant, ce ne serait pas du luxe, par ces temps de chaleurs sénégaliennes.

On me dit que le quartier de Bercy est représenté au conseil municipal par un honorable citoyen, des plus intelligents, qui a pris l'engagement de s'occuper sérieusement des intérêts de Bercy !... Espérons donc que bientôt satisfaction pleine et entière sera donnée aux habitants d'un quartier qui verse annuellement plus de quarante millions dans les caisses de l'octroi.

En terminant notre avant-dernière chronique, nous disions que la mairie et l'église avaient été incendiées par les chevaliers du pétrole.

Cette mairie, dont M. Libert, ancien maire, avait, dès le 20 septembre 1832, vainement sollicité la construction auprès de son conseil, fut commencée en 1844 seulement et terminée à la fin de l'année suivante.

Ce fut M. le comte de Rambuteau, alors préfet de la Seine, qui en posa la première pierre. Elle n'avait rien de remarquable, cette mairie ; depuis l'annexion, elle était devenue le siége de l'édilité du XIIe arrondissement, et les locaux devenant insuffisants, M. Duperié-Pellou, ancien maire, dont les services administratifs n'ont cessé d'être, pendant onze années, à la hauteur de l'honorabilité du caractère, des lumières et de l'entier dévouement à la chose publique, avait insisté auprès de la préfecture de la Seine pour que l'on fît une mairie nouveau modèle, au centre de l'arrondissement. Un emplacement fut choisi, à l'angle de la rue Charenton et de l'avenue Daumesnil. M. Hénard, architecte de la ville, fut chargé de dresser un plan, exposé depuis au palais de l'Industrie, section des beaux-arts; mais les fonds vinrent à manquer et le projet n'eut pas de suite.

Maintenant que la mairie est complétement détruite, il est probable que l'on reprendra, le moment venu, l'ancien projet (1). En attendant, on a installé une nouvelle mairie dans le grand bâtiment Durnerin, 43-45, rue de Bercy; seulement une petite critique : Pourquoi n'avoir pas exproprié à l'*amiable* les boutiquiers — qui *ornent* encore le rez-de-chaussée de cette mairie provisoire ! Pas de demi-mesure...

En 1787, les mariniers de la Râpée, réunis à ceux de Bercy, donnèrent une joute sur l'eau, et le public y prit un vif plaisir.

Constamment renouvelée depuis, au mois de juillet de chaque année, cette joute, dont la commune de Bercy fournissait généreusement les prix, a toujours eu le privilége d'intéresser les nombreux spectateurs qu'elle attirait.

Si le décret sur l'extension des limites de Paris comprit Bercy dans le XIIe arrondissement, le commerce de Bercy n'en continua pas moins à faire les frais de cette fête nautique, qui, l'année dernière, ne put avoir lieu par suite des douloureuses circonstances que vous savez.

Nous apprenons avec plaisir que cette interruption momentanée va cesser, puisqu'on nous annonce, pour le dimanche 20 août, une grande joute sur le bassin de la Seine, entre le pont Napoléon et le pont de Bercy. C'est là que seront appelés à se distinguer nos brillants jouteurs d'autrefois, et que *Patrice* y portera — nous aimons à le penser — haut et ferme le drapeau de sa vieille renommée.

A dimanche donc, et surtout pas de *coups de soleil !*

16 août 1871.

(1) Depuis 1874, les travaux de la nouvelle mairie marchent avec une grande activité. Nos compliments à l'administration municipale.

XXXIX

La culture de la vigne en France. — Opinion des Romains
sur les vins français — Nos vins sous Charlemagne et au
moyen âge.

« *Histoire du commerce des vins à Paris avant* 1793 »,
tel est le titre d'une charmante petite brochure que j'ai
lue avec infiniment de plaisir.

Voulez-vous me permettre, chers lecteurs, de faire un
retour sur le *passé*, — qui ne reviendra plus, — dirait
Calino, et de vous narrer la chose ?

Qui ne dit mot, consent. Donc, attention, je commence :

Il règne une grande obscurité sur l'origine de la culture de la vigne dans les Gaules. Selon toute probabilité,
cette culture était inconnue avant l'occupation romaine.
A la vérité, quand les Phocéens vinrent fonder Marseille,
Petta, fille d'un roi du pays, présenta à Euxène, chef des
emigrants, une coupe remplie de vin et d'eau ; mais, selon
toute probabilité, ce vin venait d'Italie. Athénée, à qui
nous devons ce détail, ne dit pas de quelle provenance
était la liqueur offerte, et comme, d'après Possidonius,
les Gaulois riches buvaient seuls du vin, il est probable
qu'ils le tiraient de l'étranger. Le climat et le terrain de
la Gaule méridionale étant très favorables à la culture
de la vigne, le vin eût été une boisson moins coûteuse si
on l'eût faite sur le sol même. Sans doute, les Romains
profitèrent des heureuses dispositions des territoires du
Midi et même du Centre pour y propager un fruit dont
la liqueur leur était très agréable, mais leur coûtait très
cher.

La Provence, la Vienne, le Languedoc et le Dauphiné

ne tardèrent pas à devenir des vignobles où Rome s'approvisionna largement. Pline prétend que les vins des Gaules étaient préférés par les Romains à ceux de Chypre et de Syracuse dont, cependant, jusqu'au temps de la conquête, ils s'étaient montrés si friands. « Marseille, dit Pline, fait un vin gras et épais qui a deux sortes de goûts, mais qui sert à mêler avec d'autres vins. » Athénée pense de même au sujet du vin marseillais. Martial ne croit pas que l'épaisseur et les goûts divers du vin marseillais lui vinssent de son terroir; il croit que ce vin n'était tel que parce qu'il n'était pas naturel et avait subi des préparations.

« Les Marseillais, dit-il, fument leurs vins et les font épaissir pour leur donner l'apparence et le goût des vins vieux. »

Pline, lui, soutient que les vins de la Narbonnaise étaient frelatés, fumés, transformés par des infusions d'herbes qui en changeaient le goût et la couleur, et même le rendaient nuisible.

Dans le Dauphiné aussi, on altérait les vins pour les accommoder au goût du jour; le *picatum*, ou vin à la poix qu'on y faisait, était très recherché des Romains. Nous ne comprenons pas Dioscoride, qui soutient que c'était pour conserver le vin gaulois qu'on l'épiçait; « autrement, dit-il, il eût aigri, le climat n'étant pas assez chaud pour mûrir la grappe. »

Jules César établit que les peuples de la Gaule du Nord, de la Gaule-Belgique, furent les seuls qui se refusèrent à la propagation de la vigne. A la vérité, le climat était peu favorable; mais, d'autre part, ces peuples, moins raffinés et plus mâles que ceux du Midi, ne voulaient même pas laisser entrer de vin dans leurs provinces. Ils considéraient cette liqueur comme affaiblissante, énervante, amollissante, enfin comme ennemie de tout courage et de toute vertu.

En l'an 92, les vignes donnèrent en abondance, tandis que le blé manqua presque partout en Italie et en Gaule. Il s'ensuivit une disette de pain que ne compensa pas l'abondance de vin, car le pain nourrissait le pauvre et le vin fortifiait le riche. L'empereur Domitien conclut de cette abondance de vin et de cette disette de pain, que la vigne était trop soigneusement cultivée et le blé trop généralement négligé. Pour rétablir l'équilibre, l'empereur défendit de propager en Italie la culture de la vigne, et ordonna que dans toutes les provinces de l'empire les vignes fussent arrachées ou au moins réduites de moitié. Cette ordonnance porta un coup terrible au commerce du vin dans la Gaule, qui non-seulement fut mise dans l'impossibilité d'exporter, mais ne put même plus produire de vin pour sa propre consommation.

Cette fatale ordonnance ne fut pas rapportée avant longtemps, car c'est seulement cent quatre-vingt-neuf ans après que Probus, voulant occuper ses soldats inactifs, leur fit replanter des vignes dans les Gaules et dans les autres provinces romaines. Julien, dans son *Misopogon*, nous apprend que les collines entourant Lutèce furent du nombre de celles où la vigne fut replantée, et il s'en réjouit, car Lutèce, qui lui était chère à tant de titres, avait pour lui l'incomparable avantage de produire d'excellents vins.

Sous Charlemagne, le produit de la vigne avait son prix, car l'empereur, renouvelant et confirmant la loi salique en 798, prévoit le cas où l'on volerait dans la vigne d'autrui, ou vendangerait en fraude, et condamne le coupable à six cents deniers d'amende et au remboursement des dommages envers le propriétaire lésé. Le grand empereur connaissait la valeur des vins nouveaux, des vins vieux et des vins cuits se trouvant dans les celliers royaux. Il ordonne encore de veiller à la bonne culture de ces vignobles, et, aux commissaires royaux envoyés dans les provinces, d'assurer l'exécution de ses ordonnances. Aussi les palais des rois, à Lutèce, celui de la Cité et celui des Thermes, étaient-ils entourés de vignes.

Au temps de Louis le Jeune, le vignoble du Louvre devait avoir une certaine importance, puisqu'en 1160 le roi voulut bien octroyer au curé de Saint-Nicolas six

muids de vin sur la vendange annuelle du clos royal de
ce château.

Les seigneurs et les bourgeois possédaient aussi des
vignes: toute la montagne Sainte-Geneviève en était
couverte, et le terroir de Laas, situé entre les Thermes
et l'abbaye de Saint-Germain-des-Prés, était occupé
par des clos.

5 septembre 1871.

XL

Extension des vignobles. — Le vin de Bourgogne. — Droits
du seigneur sur le vin. — Chantelage et tonlieu. — Les
forains.

La culture de la vigne se propagea en Bourgogne, en
Champagne, en Orléanais, en Anjou, en Poitou, en
Guienne, enfin partout où les conditions du sol et du climat permirent d'entreprendre avantageusement cette exploitation.

Le vin de Bourgogne était pour la ville de Paris une
source de revenus considérables, alors même que ce vin
n'était pas destiné à la capitale de l'Ile-de-France, mais
devait seulement passer par la Seine, soit pour aller en
Normandie, soit pour remonter la Marne ; la hanse était
alors en vigueur ; maîtresse de la Seine depuis Ville-
neuve-Saint-Georges jusqu'au pont de Mantes, elle exerçait les mêmes vexations et taxations qu'exerçaient sur
les fleuves les hanses d'Allemagne ou les seigneurs de
la féodalité ayant donjon sur l'eau, c'est-à-dire qu'elle
prélevait des droits arbitraires sur les marchandises. Il
en résulta même pour la hanse parisienne des luttes avec
des seigneurs gênés dans leurs exactions par les exactions
rivales de la hanse, exactions presque légales, puisqu'elles étaient autorisées par la royauté, qui prélevait
sa part de butin.

Pour ne parler que du vin, au treizième siècle, Gaston
de Poissy, seigneur de Maisons, ayant donjon sur l'eau,
et, par conséquent, selon le code féodal approprié à
chaque seigneur, ayant le droit de rançonner la navigation, Gaston de Poissy, disons-nous, prélevait sur chaque

navée de vin un droit de passage. La Compagnie française, en protégeant à son profit le transit sur la Seine, anéantit le revenu de Gaston, qui en appela au roi. Ne pas reconnaître les droits de Gaston, c'eût été ne pas reconnaître ceux de la bourgeoisie de Paris, qui n'était, en somme, qu'un seigneur féodal ayant ville sur l'eau, avec une prévôté bien autrement redoutable que celle d'un donjon. Les droits du seigneur de Maisons furent reconnus, et la Hanse dut payer à Gaston douze deniers par tonneau de vin, et lui laisser prendre deux setiers sur le premier tonneau de chaque embarcation. C'est même à propos des vins que fut rendue la première ordonnance qui donne à l'existence de la hanse un caractère de légalité. Louis VI, en 1120, céda à la Hanse le droit de soixante sous payés par chaque bateau qu'on chargeait de vin à Paris pendant la vendange.

« *LX sol. Quos tempore vendemiarum de unaquaque navi vino onerata Parisiis, capiebamus, mercatoribus ita in perpetuum condonamus* » , etc.

Au temps de saint Louis, le bourgeois de Paris qui avait des vignes pouvait faire transporter ses vins dans ses caves sans rien payer : il pouvait également les vendre sans impôt, mais les commerçants en vins proprement dits, marchands en gros, marchands à pot ou en détail, les taverniers, les cabaretiers et les hôteliers, n'étaient pas traités si favorablement. De même les bourgeois de Paris qui achetaient du vin avaient des droits à payer.

Les marchands en gros, bourgeois de Paris, qui amenaient du vin aux grèves, pouvaient le faire descendre à terre, mais les *forains* ou marchands du dehors, qui avaient déjà payé le droit de navigation, n'avaient pas pour cela permission de débarquer leur vin pour le vendre.

Les bourgeois de Paris s'étaient réservé ce droit pour eux seuls. Les *forains* vendaient sur le bateau, et l'acheteur, fût-il « un homme de Paris », devait l'obole du rivage, qui était également due si le vin devait être expédié en un lieu quelconque, dans ou hors de Paris, ex_cepté la foire du Landit.

L'obole de rivage était payée si le vin amené au port de Grève y arrivait tiré directement de chez le producteur par un bourgeois de Paris ; à plus forte raison l'obole était-elle due par les marchands. Nous n'en avons pas fini avec les impôts de toute sorte que l'ingéniosité des rois, seigneurs féodaux et hanses municipales avait inventés pour s'enrichir, droits qui entravaient le commerce, gênaient son essor et causaient un grave préjudice aux seigneurs eux-mêmes, que la liberté commerciale eût bien plus promptement enrichis.

Outre le droit de chantelage, qui était un droit d'entrepôt, on payait un droit de *tonlieu* pour vendre dans les marchés ; mais il paraît que l'on considérait comme marché tout lieu où l'on vendait, car les marchands, amenant leurs produits par eau et les vendant sur bateau, payaient le droit de *tonlieu* :

« Tout li tonnel de vin à marchand de dehors, qui viènent au port de Grève, doivent chascun vj den, obole de tonlieu ; s'ils sunt vendu, ou qu'ils soient en l'iaue, c'est à savoir de chascun mui j denier de tonlieu, et del fust. ob. de tonlieu.

« Se hom de Paris achate vin en Grève et le met en son célier ; quand il le revent il doit j den. de tonlieu de chascun mui. »

Ces tarifs étaient fort peu clairs ; qu'on vendît, qu'on achetât, qu'on revendît, le tonlieu était toujours dû, toute mutation était un prétexte à impôt.

Les futailles que l'on revendait vides étaient soumises à l'obole de *tonlieu*. Si cependant elles étaient achetées par un bourgeois de Paris « por metre son sel, ou son vin, ou son blé », le bourgeois ne payait pas de *tonlieu* ; si l'acheteur n'était pas bourgeois ou était un paysan, il payait le droit.

La taille sur le vin était alors établie, car le roi, dans l'accord conclu à Melun, en 1222, avec Guillaume II, évêque de Paris, se réserva soixante sous pour la taille du pain et du vin, de trois ans en trois ans, dans le vieux bourg Saint-Germain.

Au temps de Philippe-Auguste, permission est donnée par le roi aux marchands en gros, bourgeois de Paris, qui conduisaient par eau du vin à Paris, de déposer leur vin sur la rive au lieu de le vendre sur bateau comme ils y avaient été contraints jusqu'alors par la hanse parisienne. C'est à cette époque que les marchands de la hanse, sentant la nécessité de construire à Paris un port de débarquement pour leurs marchandises, demandèrent à être autorisés, pour en payer les frais, à lever sur les bateaux une contribution additionnelle qui fût de deux sous pour chaque bateau de vin. Quant aux forains, ils continuèrent jusqu'à Louis XIV de vendre en bateau.

16 septembre 1871.

XLI

Le commerce des vins sous Charles VI. — Le rouage. —
Tonneliers et déchargeurs de vin. — Les jurés rouleurs.

Dans le principe, les vins étaient déchargés dans Paris
en divers lieux, selon leur provenance. Cette destination
n'avait pas été établie seulement dans le but de reconnaître plus facilement les crus auxquels les vins appartenaient, mais encore en raison de la jauge, qui variait
selon la provenance.

Le port de Grève avait été divisé en deux parties, dans
l'une desquelles on déchargeait le vin de Bourgogne,
tandis que l'autre partie était réservée aux vins de l'Ile-
de-France. Les vins des bords de la Loire étaient déchargés près des moulins du Temple, c'est-à-dire au port
Saint-Paul, vis-à-vis la rue des Barres.

Plus tard, on prit une mesure, aujourd'hui dans l'oubli
et que l'on a vainement tenté de remettre en vigueur :
on décida que tous les vins amenés à Paris devaient être
contenus dans des vaisseaux d'une jauge uniforme, et les
distinctions de capacité ayant disparu, les distinctions
de lieu de déchargement disparurent en même temps.

Il y avait encore un lieu dans Paris où l'on agglomé-
rait les fûts de vin pour la vente en gros : c'était le lieu
d'étape situé aux halles.

En 1413, le roi Charles VI ayant reconnu que la place
des Halles où on amenait les vins était « moult estroite,
et tellement que souventes fois il y avait si grande mul-
titude et habondance de charios et charrettes chargez de
vins, et aussi de gens, tant passans comme autres pour

acheter iceulx vins et autres marchandises, » ordonna
que l'étape du vin serait transférée « en la place de Grève, devant l'ostel commun de ladite ville, à prendre depuis le ruisseau descendant de la Vennerie et de la rue
Jehan-de l'Epine, devant le bout de la Mortellerie, et
jusques à l'ostel de la Nef-d'Argent, en la ruelle devant
la porte de l'ostel d'Anjou, descendant en ladite place
de Grève et autour de la croix qui est en icelle place. »
Charles VI rendit aux Parisiens, en 1415, les priviléges
qu'on leur avait enlevés en 1365. Voici les termes de son
ordonnance :

« Quant aucuns vins, quelz qu'ilz soient, seront ame-
nez, se c'est pour aler aval l'eau au dessoubs des dits
ponts, ilz seront guerrez en l'isle Notre-Dame ; et iront
ceulx à qui ilz seront pardevers le prevost des marchans
et echevins pour estre hansez s'ilz ne le sont, et aussi
pour avoir compaignie françoise avecques ladite hanse,
au cas qu'ils ne seront bourgeois de Paris ; car autrement ilz ne avaleront lesdits ponts, sur ladite peine de
forfaiture. » Cette ordonnance, imprimée en 1500, portait
pour titre ces mots :

« Le présent livre fait mencion des ordonnances de la
« prévosté des marchands et eschevinaige de la ville de
« Paris : Imprimé par l'ordonnance de messeign. de la
« cour de Parlement, au moys de janvier, l'an de grâce
« mil cinq cent. »

Dès le temps de saint Louis, « tout hom de Paris » qui
achetait du vin en Grève ou ailleurs, ou même le prenait dans sa cave et l'expédiait hors Paris, payait un
droit de 2 deniers de rouage par charrette ou petit char,
et 4 deniers par char ou grande charrette. Ce droit n'é-
tait pas prélevé quand le vin était transporté à la foire
du Landit ou à celle de Saint-Germain-des-Prés, ces foi-
res étant privilégiées.

Un marchand du dehors qui achetait du vin en Grève
ou en « sélier à Paris » et qui l'envoyait « à char ou en
charrette » hors de Paris, devait le susdit droit de rouage ; mais le marchand du dehors qui amenait du vin à

Paris, ne le vendait pas et le remportait, ne payait pas de droit de rouage. Le vin que l'on transportait dans la Marne par eau devait « autant de rouage comme s'il aloit par terre. »

On comprend l'impôt pesant sur le rouage, parce que les roues détériorent la voie publique ; mais un droit de rouage payé sur l'eau, alors que tant d'autres droits entravaient déjà la navigation fluviale, était vraiment chose aussi ridicule que certains de nos impôts votés récemment.

Pour décharger les vins aux ports et aux halles, Charles VI, par lettres patentes de 1413, avait créé une classe de préposés que le prévôt des marchands et les échevins devaient instituer et faire mettre en possession par leurs huissiers ; mais les marchands et les bourgeois de Paris ayant plus de confiance dans les tonneliers pour décharger les tonneaux, les rouler, les descendre dans les caves ou les recharger, les préposés municipaux demeurèrent sans emploi. Cependant les tonneliers ne prirent pas le titre de déchargeurs de vin, et Louis XI, qui le leur donne, ne le leur a pas conféré par lettres patentes. C'est François Ier seulement qui, par ses lettres patentes de 1517, leur octroya ce titre, en les autorisant à continuer, par eux-mêmes ou par leurs garçons, le déchargement et le roulage des vins.

Quant aux ordonnances relatives aux déchargeurs de vin, elles remontent assez haut. Celle de 1350, rendue par le roi Jean, taxe le travail des déchargeurs et punit les délinquants à la perte de leur « mestier », au bannissement de Paris et de la banlieue pendant un an, et à une amende de soixante sols.

Louis XIV, en rendant ses nouvelles ordonnances de 1672 concernant la juridiction de l'hôtel de ville, confirma les tonneliers dans leur droit de prendre la dénomination et de remplir les fonctions de déchargeurs de vins. L'ordonnance de 1672 rendait responsables les tonneliers déchargeurs du dommage causé aux vins par leur faute. Pour empêcher que les vins fussent » buvetés », défense

était faite aux déchargeurs de percer les pièces, si ce n'é-
tait « pour leur donner vent ». Défense leur était faite
aussi de s'entremettre dans les transactions, de prendre
un droit de courtage et de recevoir un pourboire quelconque. Par ordonnance de 1673, le même roi défendit
d'aller au-devant des convois de vin pour s'imposer aux
conducteurs comme déchargeurs de leurs marchandises.

Quoique la création, sous Charles VI, d'officiers municipaux déchargeurs n'eût pas réussi, Louis XIV, par le
besoin d'argent, crut devoir, en 1690, créer quarante
offices de jurés rouleurs et chargeurs de vins, offices
qu'on achetait au roi. Mais treize ans après, on supprima
ces quarante rouleurs-chargeurs, et les attributions de
ces préposés et des tonneliers déchargeurs furent réu-
nies dans les mains de cent vingt jurés déchargeurs-rou-
leurs et chargeurs, pouvant exercer cet office sans in-
compatibilité avec tout autre office, état ou profession.
Les quarante officiers supprimés ayant offert 150,000 livres pour être rétablis, ils le furent par un édit de la
même année 1705. En 1707, on porta le nombre des jurés
rouleurs à cent cinquante, et en 1715 ces officiers furent
supprimés.

11 octobre 1871.

XLII

L'aristocratie des barilliers. — Édit contre les ivrognes. —
La *queue* et le *muid*. — Les jaugeurs de vin.

L'importance qu'on attachait à la qualité du vin avait
déterminé les magistrats protecteurs du commerce à assurer la perfection de tous les engins servant à sa conservation ; aussi les déchargeurs, qui étaient encore et
surtout des tonneliers, furent-ils soumis, en raison de
cette profession, à une réglementation sévère. Une conséquence naturelle de la sévérité de ces règlements, c'é-
tait d'ajouter, par réciprocité, à l'importance de la profession de tonnelier.

Dès saint Louis, il y avait des barilliers ou faiseurs de
barils qui avaient leurs ateliers dans la rue de la Baril-
lerie. Quand on commença de boire à Paris des vins
étrangers, les barilliers, fabriquant de petits tonneaux
perfectionnés pour ces vins précieux, formèrent parmi
les tonneliers une aristocratie. Ils avaient le privilége de
travailler les jours fériés, quoique les artisans qui pour-
voyaient aux premiers besoins de la vie n'eussent pas
cette licence. Les anciens statuts des tonneliers de la ville
de Paris, promulgués ou renouvelés en 1398 par le seigneur de Folleville, garde de la prévôté de Paris, porte
que nul ne pourra être tonnelier à Paris s'il n'est expéri-
menté dans son métier et si, par l'épreuve du chef-
d'œuvre subie en présence des jurés du corps, il n'a donné
des marques de son habileté. Ces statuts exigent que la
qualité de la marchandise soit parfaite : cerceaux, tonneaux, cuves, cuviers ou autres vaisseaux quelconques

doivent être habilement ouvrés : et ils taxent l'amende qu'encourrait le tonnelier qui livrerait une marchandise défectueuse. Ils ordonnent que la matière imparfaite soit saisie et vendue en place de Grève.

Quatre jurés pris par le prévôt de Paris parmi les maîtres tonneliers étaient chargés de veiller à l'exécution des statuts, de recevoir les plaintes des clients, de visiter les ouvroirs des tonneliers et de traduire les délinquants devant ledit prévôt ou le procureur du roi.

Les jurés et le roi se partageaient le produit des amendes. De cette façon, les statuts étaient bien respectés, et si l'arbitraire s'introduisait parfois, ce n'était pas au préjudice du client.

Ces statuts furent confirmés en 1400 par lettre royale de Charles VI.

Louis XI les confirma aussi en y ajoutant quelques dispositions. Il exigea un apprentissage de cinq ans, et permit que l'on taxât le droit d'entrée des ouvriers provinciaux chez les maîtres tonneliers parisiens à 4 sols parisis au profit du métier et pour subvenir aux frais de la corporation.

François 1er confirma les statuts et priviléges des tonneliers ; il protégea le commerce du vin ; mais, profitant des désordres causés en Belgique par l'ivrognerie, il rendit en 1536 un édit exécutoire dans tout le royaume, portant que, pour faire cesser l'oisiveté et l'habitude des blasphèmes, arrêter le progrès des homicides et d'autres crimes résultant de l'état d'excitation produit par le vin, quiconque serait trouvé ivre serait mis de suite en prison et nourri seulement de pain et d'eau ; que les récidivistes seraient battus de verges ; que le troisième méfait de ce genre entraînerait une peine pareille subie en place publique ; et que tout ivrogne reconnu incorrigible aurait les oreilles coupées (?), serait déclaré infâme et puni de bannissement ; que si quelque crime était commis pendant l'état d'ivresse, cet état ne serait point considéré comme atténuant le crime.

Et dire que les ivrognes de nos jours sont électeurs !!!...

Henri III, par lettres de 1576, décida que les seuls tonneliers auraient le droit de louer ou de vendre des cuves ou tonneaux pour un autre usage que la conservation des vins ; et par un article spécial réglementa ce qui avait rapport au déchargement des vins. « Nul, porte cet article, ne pourra être maître déchargeur de vins qu'il ne soit maître tonnelier de la ville de Paris. » A partir de cette époque, les tonneliers sont qualifiés de tonneliers-déchargeurs, et cette qualification leur est donnée par l'ordonnance royale de confirmation de 1637.

Le commerce du vin, sans la connaissance et la mise en usage d'une mesure de capacité, n'est guère possible ; aussi les anciens avaient-ils inventé des mesures qui furent adoptées en France avec des modifications.

Les Latins avaient le *culeus* et le *modius;* les provinces françaises adoptèrent la *queue* et le *muid*. Toutefois, cette adoption eut lieu d'une manière imparfaite, et la *queue* et le *muid* diffèrent de capacité selon la province. La queue de Bourgogne et celle d'Orléans étaient de plus grande dimension que la *queue* et le *muid* de Champagne. Ces différences étaient si gênantes, que François 1er abolit ces distinctions et voulut que tous les vins amenés à Paris, tant par eau que par terre, fussent jaugés à la mesure de Paris.

Dès saint Louis, la ville de Paris avait des jaugeurs jurés, ainsi que le prouve le règlement de 1268, règlement donné à la requête et supplication desdits jaugeurs jurés. Ce règlement porte que tout jaugeur devra prêter, entre les mains du prévôt des marchands, le serment de jauger « bien et loyalement à son pouvoir », de jauger toutes les fois qu'il en sera requis, à toute heure et en tout temps ; il indique la taxe de la jauge et les exemptions de charges publiques dont jouissent les prud'hommes du métier. « Li preud'hommes jaugeurs de Paris sont quittes du guet, car leur mestier n'en doit point ; mais ils doivent la taille et les autres redevances que li autres bourgeois de Paris doivent au roy. »

Une ordonnance du prévôt de Paris, datée de 1303,

limite à douze le nombre des jaugeurs de vin « assavoir:
six maistres et six apprentis ». La nomination des jaugeurs est attribuée au prévôt des marchands et aux échevins. Le jaugeur nommé doit prêter le serment exigé par
saint Louis, *donner à dîner* aux autres jaugeurs, avoir sa
marque pour l'apposer quand besoin sera, et ne jauger
jamais sans être accompagné d'un confrère. Les jaugeurs
prévaricateurs étaient suspendus de leur office et punis
d'amende arbitraire par le tribunal de la marchandise.
Louis XIII, en 1633, créa deux nouveaux offices de jaugeurs, et Louis XIV porta le nombre à seize, en 1645.

En 1680, ce nombre fut porté à quarante-huit.

Les statuts de cette corporation, devenue importante
par le nombre des membres, furent homologués en 1690.
Ces offices furent supprimés en 1715.

De nos jours, la profession de jaugeur est libre. Bercy
en compte plusieurs, occupés en grande partie au jau-
geage des fûts expédiés du Midi : *pipes, demi-muids, tambours,* etc.

3 novembre 1871.

XLIII

Les courtiers en vin d'autrefois. — Les jurés-vendeurs de
vin. — Le hanap du juré-vendeur.

Lorsque le vin arrivait à Paris, il y était vendu soit en
bateau, si c'était un forain qui l'amenait par eau ; soit
sur le port, si c'était un bourgeois de Paris ; soit à l'étape, soit aux diverses halles, s'il était transporté en ces
lieux pour son propre débit. Il payait les divers droits
que nous avons rapportés.

Il y avait cette différence encore entre le forain et le
bourgeois ou marchand parisien, que le premier était
obligé d'exposer en vente le total de ses vins, soit sur la
rivière, dans son bateau, soit à l'étape ou à la halle au
vin, et que le marchand citoyen ou bourgeois avait la
liberté d'en faire conduire, si bon lui semblait, les deux
tiers dans ses caves, n'étant obligé que d'en laisser un
tiers sur l'étape pour être vendu au public.

Cette vente au public pouvait s'effectuer par office de
courtier et par office de vendeur-juré, ou sans le ministère de l'un ou de l'autre de ces fonctionnaires. Qu'é-
tait-ce que les courtiers en vin des siècles passés ? Les
courtiers en vin étaient des sortes d'entremetteurs chargés d'arrêter les marchés entre acheteur et vendeur. Toutefois les opérations de vente pouvaient se faire sans
leur entremise, et il leur était même défendu de provo-
quer leur intervention ; ils devaient attendre qu'on les
requît de remplir leur office. Dès 1321, nous les trouvons
établis en assez grand nombre à Paris. Philippe le Bel
fixe leur nombre tel qu'il était, à soixante, et ce nombre

est confirmé par la grande ordonnance du roi Jean sur la police générale de Paris. « En la ville de Paris, pour acheter vins en Grève ou autre port, aura soixante courtiers tant seulement. » Dès cette époque, un cautionnement de 30 livres devait être déposé à la prévôté des marchands par le courtier entrant en charge. Nul courtier ne pouvait vendre de vin ou en acheter personnellement que pour sa consommation particulière.

Les clercs, qui faisaient alors du commerce, n'étaient pas reçus courtiers, à cause des difficultés qui s'élevaient quand il y avait lieu de les traduire en justice, les gens d'église ne relevant que de la juridiction ecclésiastique. L'ordonnance fixe le taux du droit de courtage, et défend, sous peine de dix livres d'amende, à tout acheteur ou vendeur de payer un droit plus fort, et ce, dans le but probable d'empêcher la corruption.

L'ordonnance de 1415 contient, entre autres dispositions, que le prévôt des marchands et les échevins nommeront aux offices de courtiers, recevront le serment d'exercer légalement l'emploi et de dénoncer les abus et contraventions au tribunal de la marchandise ; de ne s'entremettre pas dans un but d'intérêt privé ; d'exercer d'office en personne, et de se tenir, en conséquence, les jours de marché, en Grève, à l'étape ou ailleurs, où besoin sera ; de prévenir l'acheteur si le vaisseau de vin vendu laissait à désirer sous le rapport de la quantité et de la qualité. Cette ordonnance dit aussi que les courtiers hôteliers n'auront que « quatre queues de vin en leurs hostels, à une fois, et pour vendre à leurs hostes seulement ; qu'ils ne remplaceront lesdites queues par d'autres qu'avec la permission du prévôt et des échevins. »

La même ordonnance fixe la commission due aux courtiers, qui variait selon la provenance des vins, à cause de la différence de capacité des fûts.

Henri II permit aux courtiers de faire bourse commune. Ils devaient verser dans la caisse de la communauté tous leurs profits pour se les partager à la fin de l'année.

Quand on les appelait en province ou dans la banlieue pour déguster les vins, ce qui était fréquent, la commission qu'ils percevaient n'entrait pas dans la bourse commune.

Les maîtres tonneliers ayant voulu empiéter sur les attributions des courtiers de vins, un arrêt du parlement fut rendu en 1618 qui punit Nicolas Bazille, maître tonnelier à Paris : il fut banni, chassé du port de Grève, condamné à 100 livres d'amende et aux dépens. En outre, il lui fut fait défense de jamais s'immiscer et entremettre dans la vente du vin. D'autres condamnations de tonneliers eurent encore lieu, et il serait trop long de les rapporter.

Les nouvelles ordonnances concernant la juridiction de l'hôtel de ville de Paris établissent formellement que les jurés-courtiers de vins seront tenus, aussitôt l'arrivée des vins, de les goûter, connaître s'ils sont loyaux et marchands, s'ils ne sont pas chargés d'eau ou falsifiés, cas devant être dénoncés au prévôt des marchands ; qu'eux-mêmes seront en nombre suffisant sur les ports, principalement les jours de vente, pour faire goûter les vins aux bourgeois quand ils en seront requis ; qu'ils seront poursuivis pour le prix de la vente, s'ils ont répondu du client amené au vendeur : ce dernier était donc fixé *de natura rerum* et ne traitait l'affaire qu'à bon escient.

En 1705, on créa treize nouveaux offices de courtiers, et leur commission fut élevée. Ces offices furent supprimés l'année suivante.

On s'étonnera peut-être qu'après avoir parlé des courtiers de vin nous parlions de jurés-vendeurs de vin. En effet, il semble que ce soit même fonction et, partant, superfétation. Il n'en est point tout à fait ainsi. A la vérité, il y a des ressemblances entre ces deux sortes d'offices, mais il y a aussi des différences dignes d'être signalées. Une excellente preuve, d'ailleurs, que ce n'était pas la même chose, c'est que ces offices s'exerçaient concurremment, sans que l'une ou l'autre corporation, ni celle des courtiers, ni celle des vendeurs, se plaignît et réclamât pour des priviléges dont les jurandes se montraient si jalouses.

Les courtiers faisaient les affaires des acheteurs, les jurés-vendeurs faisaient les affaires des marchands. Un forain voulait-il vendre son vin à Paris sans s'y transporter de sa personne, il adressait ses produits à un vendeur qui se chargeait de la vente, répondait des payements et prélevait sur le prix les droits afférents aux vendeurs par ordonnances royales. Le vendeur était une sorte de facteur. Aujourd'hui il est dénommé *Commissionnaire en vins* et prélève ce qui lui est dû, conformément au tarif établi par la chambre syndicale du commerce en gros des vins et spiritueux du département de la Seine.

Quand un bateau de vin arrivait, le juré-vendeur choisi pour faire la vente plaçait sur le principal tonneau son *hanap*, coupe qui lui servait à offrir à goûter le vin et qui lui servait à lui-même à en apprécier la qualité, puis la vente commençait.

30 novembre 1871.

XLIV

Corporation du criage — Les crieurs de vin.

Les fonctions de juré-vendeur n'étaient pas instituées au temps de saint Louis, et il n'est parlé dans les registres des métiers que des jaugeurs de vin; mais dès 1350 nous les trouvons établis.

Charles VII avait réduit à trente-quatre le nombre des jurés-vendeurs; ce nombre fut augmenté de neuf par Louis XIII, en 1633, et de dix-sept autres en 1639 ; enfin, de vingt-six autres, ce qui les rendit aussi nombreux sous Louis XIII que sous Charles VI. Louis XIV en créa quarante pour faire la centaine; mais les charges financières de la communauté n'ayant pas permis de se conformer à la volonté du roi, les nouveaux jurés formèrent une corporation différente, ayant des attributions autres que celles des anciens jurés-vendeurs.

Les jurés-vendeurs étaient, en outre, contrôleurs de vins, contrôle qu'avaient avant eux les crieurs de vins, dont nous parlerons plus loin. Les jurés-vendeurs recevaient, dans les bureaux qu'ils avaient établis aux ports et aux halles, les déclarations d'arrivages, contrôlaient la qualité et la provenance de la marchandise, s'assuraient que tous les droits avaient été payés; enfin, veillaient aux intérêts des producteurs, des consommateurs et du fisc.

Tous les marchands de vin n'étaient pas tenus de vendre par intermédiaire de vendeurs, mais tous étaient tenus de leur rendre des comptes comme contrôleurs.

Pour ces divers services, les jurés-vendeurs percevaient des droits qui, avec ceux de vente, étaient versés dans une caisse commune et partagés annuellement. Ils élisaient chaque année ceux d'entre eux qui devaient tenir les bureaux et qui recevaient une allocation spéciale. Les syndics et le doyen de la communauté, veillant aux intérêts des corps, entraient en partage dans les bénéfices sans vendre à personne.

Cette communauté, qui était des mieux organisées, faisait jouir de ses émoluments le vendeur malade et avait un fonds de réserve pour soulager les vendeurs tombés dans la misère.

Comme les courtiers, les vendeurs ne pouvaient faire de trafic pour leur compte personnel, et ne pouvaient vendre eux-mêmes que le vin de bons crûs.

Avant la création des jurés-vendeurs, il y avait une corporation puissante préposée sinon à la vente, du moins au criage et au contrôle de la vente des vins ; c'était la corporation pittoresque des crieurs de vin, qui existait dès le règne de Philippe-Auguste et même sous saint Louis.

Les crieurs, de par le roi et la prévôté des marchands, contrôlaient la vente du vin en le criant, et facilitaient ainsi le prélèvement de l'impôt. En conséquence, ils s'imposaient aux taverniers, mais ils n'attendaient pas les chalands à la taverne, car ils allaient par les rues, offrant à goûter le vin aux passants dans un *hanap* de bois fourni par le tavernier.

La veille des grandes fêtes, dans l'espérance que, pour célébrer le saint dont c'était la vigile, les bourgeois se payeraient du vin d'extra, les crieurs allaient par la ville, jusqu'au soir, criant les vins *fabriqués*, tels que clairet ou vin épicé et miellé, vin de sauge, vin de romarin et autres, qui étaient un grand régal pour les gourmets du temps.

Etienne Boyleaux, dans son *Livre des métiers*, publié pour la première fois à Paris, en 1837, par Depping, en un volume in-4°, nous apprend que les crieurs avaient le droit de s'installer dans les tavernes où l'on vendait du vin en détail, de crier en dehors le prix du vin, et de le débiter du matin au soir. Ces fonctionnaires de la vente du vin étaient payés par le marchand et payaient eux-mêmes un droit au souverain.

Sous Louis IX, les crieurs de vin tenaient leurs offices des mains du prévôt des marchands et des échevins. Le nombre de ces crieurs, d'abord considérable, fut réduit à vingt-quatre en 1415, et leur salaire fut fixé à huit deniers.

Le crieur pouvait choisir la taverne qui lui convenait, et crier le vin tant qu'il y avait ce qu'on appelait vin à broche ou à broc, qui se vendait au détail.

Si un crieur entrait dans une taverne et y trouvait des buveurs attablés, il pouvait leur demander où ils s'étaient procuré le vin qu'ils buvaient ; et, s'ils le tenaient du tavernier, le crieur avait le droit de crier le vin de ce tavernier « veuille ou ne veuille le tavernier. »

Le crieur recevait des taverniers quatre deniers par jour ; il ne devait pas recevoir plus, car, dit l'ordonnance, « plus il ne peut prendre par son serment. »

Les crieurs devaient crier le vin deux fois par jour, hormis le « quaresme, les diemenges, les vendredis et *viij* jours de Nouel et les Vigiles qu'ils ne crient que une foiz. Le vendredi de croiz aourée (vendredi saint) ne crient pas crieurs. »

Quand le roi vendait son vin, ce tavernier couronné n'entendait pas qu'on fît baisser le prix de la denrée par la concurrence. « Si li rois met vin à taverne ; tuit li autre tavernier cessent, » et les crieurs criaient le vin du roi le matin et le soir dans les carrefours de Paris. Les crieurs touchaient quatre deniers comme pour crier le vin des taverniers.

21 décembre 1871.

10.

XLV

L'entrepôt du quai Saint-Bernard. — Les deux entrepôts. —
Réformes à faire.

Si, aujourd'hui, il n'est plus question d'ordonnances
aussi bizarres, le fond n'en reste pas moins.

Le commerce des vins est obligé de s'incliner devant
la loi ; et, s'il n'est pas toujours content, tant pis ! *dura
lex, sed lex...* lui répondent les *exécutants.*

Notre travail serait incomplet, si nous ne disions pas
quelques mots, en terminant, de l'entrepôt du quai Saint-
Bernard. Le plus grand nombre des promeneurs qui
passent, en allant au Jardin des Plantes, devant cet entrepôt, ne se doute guère de son importance commerciale.

En 1656, le sieur Chamarande et le sieur de Baas,
maréchal de camp, obtinrent du roi l'autorisation de
former un établissement de ce genre.

L'administration des hôpitaux, — qui depuis a été
remplacée par celle de l'Assistance publique, — refusa
tout d'abord de consentir à l'exécution de ce projet de
halle aux vins ; puis, en 1662, elle finit par céder, à la
condition toutefois qu'elle recevrait la moitié des bénéfices.

Quelque temps après, on agrandit cette halle de toute
la portion de terrain qu'occupait la chapelle Saint-Am-
broise ; cependant, comme on ne tarda pas à en reconnaître l'insuffisance, Napoléon Ier, par son décret du
30 mars 1808, ordonna la construction d'une halle nouvelle beaucoup plus vaste.

L'entrepôt devait être disposé pour recevoir cent cin-. quante mille.pièces de vin au moins.

Les travaux commencèrent sous la direction de M. Gaucher, architecte, et la.première pierre fut posée le 15 août 1811.

Le 8 novembre 1814, cinq celliers du côté du quai furent mis à la disposition des marchands de vins; la grosse construction ne fut achevée qu'en 1818, et tous les travaux ne furent entièrement terminés qu'en 1846.

Il y a quelques années, l'administration a élevé de nouveaux magasins sur les terrains longeant le quai.

La somme totale dépensée pour édifier et mettre cet entrepôt dans son état actuel, s'est élevée à plus de *trente millions de francs*.

Certes, l'importance de l'entrepôt du quai Saint-Bernard est très-grande; elle est toutefois infiniment moindre que celle de l'entrepôt de Bercy, qui est, sans contredit, le plus vaste marché de liquides qu'il y ait en Europe.

Autrefois, pourquoi ne le dirais-je pas? l'entrepôt du quai Saint-Bernard et celui de Bercy ne faisaient pas bon ménage ensemble. A qui la faute?... Au plus coupable, parbleu! mais aujourd'hui la paix est faite, et elle sera de longue durée, si chacun veut bien mettre de côté tout amour-propre mal placé, pour ne s'occuper que de l'intérêt général.

A bon entendeur, salut!

*
* *

J'ai fini, chers lecteurs, et je vous fais mes adieux.. de chroniqueur. Depuis trois ans je vous ai parlé de Bercy, de son important commerce, de ses usages, de ses originalités; et, quoique je signasse A. Maxime, on savait bien qu'il s'agissait de l'auteur de *Mes Adieux à Bercy*, petite brochure que je fis paraître en 1860, au 'moment de l'annexion des communes de la banlieue à la capitale.

A cette époque, survinrent de grandes perturbations sur la place de Bercy : on était effrayé de la position nouvelle; chacun se demandait ce que deviendrait l'entrepôt de Bercy. C'était à qui *tomberait* le plus M. Haussmann et son administration. C'était un concert de récriminations.

Mais j'étais loin de partager les appréhensions du commerce; et, en prenant la plume pour consacrer quelques lignes de bon souvenir et d'adieu à la commune de Bercy où je suis né, où j'ai débuté et grandi dans la carrière commerciale, je disais, dans mon *Avant-propos*, en parlant de la loi sur l'annexion :

« Le gouvernement a trop à cœur la prospérité du commerce, pour que tout son intérêt ne nous soit pas acquis.

« Nous avons donc, — quelles que soient les difficultés d'exécution que nous semble présenter la loi, — la ferme confiance que sous l'empire de cette loi, l'honnête négociant rencontrera, en toute circonstance, le bienveillant appui des autorités supérieures. »

Je ne me suis pas trompé dans mes prévisions; car, aujourd'hui, la question de *Bercy-Entrepôt* me semble presque résolue.

Nous sommes loin de l'exercice à domicile, — cette vexation d'une autre époque, — et avec de notables améliorations dans le service administratif, et moins de roideur, tout sera pour le mieux dans le meilleur des... Entrepôts (1).

Alfred SABATIER.

27 décembre 1871.

(1) Hélas! les années se suivent et ne se ressemblent pas. Nous sommes en 1875 et l'exercice à domicile est rétabli, de par la volonté de l'Assemblée nationale, sur la proposition de M. Mathieu-Bodet, ancien ministre des finances.

I

Une légende de Bercy. — Raoul de Courtis.

Il n'y a peut-être pas une commune en France qui
n'ait sa légende.

Bercy a la sienne.

Permettez-moi, chers lecteurs, de vous la raconter.

Sur l'emplacement qu'occupent les entrepôts de la rue
de Bercy, numéros 37 et 39, s'élevait, au seizième siècle,
un hôtel qui fut démoli dans les dernières années du
règne de Louis XIV.

En faisant récemment des travaux de terrassement,
dans l'entrepôt du n° 37, on a découvert de vastes souterrains, qui ont dû être témoins de scènes *terribles*, s'il
faut s'en rapporter à la chronique du quartier !...

Cet hôtel, dont les jardins en amphithéâtre descen-
daient au bord de la Seine, s'appelait l'hôtel de Courtis,
du nom du gentilhomme qui en était propriétaire au
moment où s'ouvre ce récit : on voit encore sur le quai,
au n° 50, un petit pavillon, d'architecture bizarre, qui
dépendait de cette propriété.

Raoul de Courtis était un seigneur de haute lignée et
de haute stature. Sa physionomie dure et farouche, ses
manières hautaines, le mystère dont il s'entourait, et,
par-dessus tout, certaines histoires sinistres dont il avait
été le héros et que l'on se racontait tout bas en le voyant
passer, faisaient de lui un de ces personnages marqués
au front du sceau des prédestinés du diable.

Haï comme la peste, il était, de tous ceux qui l'appro-
chaient, redouté comme le feu. Il avait, comme chevalier de Malte, solennellement juré, par la croix d'or qui

brillait au côté gauche de son court manteau de velours noir, que, soldat de l'Eglise militante, il resterait éternellement étranger à Satan, à ses pompes et à ses œuvres ; mais, de ce serment sacré, il s'était tellement joué, l'impie ! que, s'il faut s'en rapporter à la tradition, il avait, — sans parler de ses autres crimes, — deux fois plus de rapts sur la conscience qu'il ne comptait de quartiers de noblesse.

Ardent catholique sous sa peau de débauché, il figurait au premier rang des favoris du tout-puissant duc d'Epernon, qui, dans sa jeunesse, avait été, avec Maugiron, Joyeuse, Saint-Mégrin, plus que le favori de Henri III. Bref, pour le peindre en deux traits de plume, c'était un don Juan, doublé d'un Barbe-Bleue.

Nous sommes en 1610.

Il y a un mois que le vainqueur de Coutras, d'Arc, d'Ivry, de Fontaine-Française, Henry le Grand, en un mot, est tombé rue de la Ferronnerie sous le poignard de Ravaillac.

Marie de Médicis est régente.

Le duc d'Epernon, qui est soupçonné, comme elle, d'avoir du sang royal sur les mains, gouverne sous son bon plaisir, en attendant que le Florentin Concini le détrône, pour être, quelques années plus tard, tragiquement détrôné lui-même par Albert de Luynes — trois fastueux scandales entre deux impérissables gloires, — Sully et Richelieu.

Les catholiques et les réformés se reprennent à s'observer avec défiance et haine, et le feu de la guerre civile, éteint par l'édit de Nantes, menace de se réveiller sous les cendres qui le couvrent.

Raoul de Courtis est dans son boudoir, dont la croix du Christ et l'image de la Vierge, ô profanation ! ornent dérisoirement les lambris dorés. Une jeune fille est à ses pieds, pleurante et suppliante.

— Un message très-pressé, Monseigneur, dit tout à coup Richard, son âme damnée, qui entre brusquement et lui présente un parchemin aux armes royales.

A peine Raoul y a-t-il jeté les yeux qu'il s'écrie :

— Cette belle inconsolable dans la *chambre de l'oubli* jusqu'à mon retour, et en route !

Ils partent.

Arrivés à Corbeil, ils s'y arrêtent pour souper.

Ils ne sont pas attablés depuis une demi-heure dans la salle commune de l'hôtellerie du Lion-d'Or, qu'un étranger en franchit le seuil, précédant un de ses serviteurs.

C'est un gentilhomme de haute stature, comme Raoul de Courtis, et comme lui en costume de voyage. Sa figure est grave et triste ; mais, sous la pâleur qui recouvre son front et ses joues, et que font ressortir sa chevelure, sa moustache et sa royale d'un noir de jais, on lit l'énergie et la franchise d'une âme honnête et intrépide, et ce calme sérieux qu'au milieu des épreuves de la vie donne toujours une bonne conscience.

— Enfin ! s'écrie-t-il, en dardant sur le chevalier de Malte, qu'il vient d'apercevoir, un regard où respirent la haine et la vengeance.

— Lui ! murmure avec un involontaire effroi le chevalier de Malte, qui s'est levé précipitamment à son approche.

— Pas un pas de plus, chevalier, reprend l'étranger d'une voix sombre, et l'épée hors du fourreau !

— Qu'est-ce à dire ?

Es-tu fou ou es-tu ivre ?

— Oui, ivre de joie, Raoul de Courtis, de pouvoir une bonne fois et en face, te dire que tu es un infâme...

— Misérable ! repart le chevalier de Malte, se contenant avec peine ; mais qui donc es-tu ? que me veux-tu ?

— Qui je suis ? Eh ! ne le sais-tu pas ?...

Je suis Georges de Vaudel... Ce que je veux ? Faut-il donc te le répéter ? je veux ta vie...

Allons, défends-toi !...

Et l'œil étincelant de fureur, Georges de Vaudel met l'épée au vent.

— Eh bien ! soit, j'accepte... car, vrai Dieu ! je n'ai pas

moins soif de ton sang que toi du mien. Mais je ne m'appartiens pas en ce moment... Je suis porteur d'un important message de la reine régente. Je ne serai de retour que dans quinze jours...

Nous sommes au 15 juin ; au 30 donc, minuit sonnant, rendez-vous à mon hôtel de Courtis, à Bercy, sur le bord de la Seine ; et que le Dieu vivant me foudroie comme un chevalier félon et comme un lâche, si mon épée ne te fait pas, ce jour-là, rentrer dans la gorge toutes les insultes !

Une heure après cette scène, que nous abrégeons, Raoul et Georges chevauchaient avec leurs écuyers ; l'un, calme comme la justice céleste, se dirigeant vers Paris ; l'autre, en proie aux plus noirs pressentiments, galopant vers Melun...

II

Dans la soirée du 30 juin, deux cavaliers, enveloppés de grands manteaux couleur de muraille, s'arrêtaient devant un pavillon gothique, qui n'était séparé de la Seine que par une verte pelouse, sur laquelle le disque argenté de la lune laissait tomber ses mélancoliques rayons.

— C'est ici, dit l'un des cavaliers.

Ils mirent pied à terre.

— Que le Dieu d'Israël nous assiste ! répartit l'autre cavalier, en frappant à la porte du pavillon trois coups qui, d'intervalle en intervalle, retentirent lugubrement sous la voûte étoilée du ciel bleu, comme les trois notes cadencées d'un glas funèbre.

Deux valets, porteurs de torches de résine enflammées, parurent presque aussitôt, et introduisirent, en passant par un grand jardin d'un aspect inculte et sauvage, sans échanger avec eux une seule parole, nos deux visiteurs nocturnes dans une vaste salle qui avait pour plancher de larges dalles de marbre, alternant du blanc au noir, ainsi que les cases d'un damier, tandis que, muets comme eux, deux palefreniers s'emparaient de la bride de leurs montures.

A la dernière vibration du beffroi de l'église de Charenton sonnant minuit, le seigneur et maître de cette mystérieuse habitation entra dans la salle où nos deux inconnus l'attendaient, par une porte secrète que masquait une riche tenture de velours cramoisi.

Un homme le suivait — son écuyer.

A sa vue, nos deux inconnus s'inclinèrent.

Après leur avoir rendu ce froid salut :

— Georges de Vaudel, dit-il d'un ton aussi sombre que son visage était pâle, merci d'abord de n'avoir pas manqué à ce rendez-vous qui sera, j'en jure par l'âme de ma noble mère, le dernier que nous nous donnerons dans ce monde; et maintenant m'expliquerez-vous le motif de l'étrange provocation que vous m'avez adressée il y a quinze jours, et qui vous amène ici, à cette heure de minuit, pour vous ou pour moi l'heure suprême !

— A tes ordres, Raoul de Courtis ! répondit Georges de Vaudel d'un ton glacial.

— Sortez ! reprit le chevalier de Malte, en montrant du doigt la porte à son écuyer et à celui de son adversaire.

— Restez ! répliqua vivement Georges de Vaudel; vous serez, après Dieu, nos témoins.

Les deux écuyers demeurèrent immobiles et muets comme deux statues.

Georges de Vaudel reprit d'une voix sourde :

— Tu veux savoir, Raoul de Courtis, pourquoi je te hais et pourquoi je t'ai provoqué ? Je vais te le dire : J'aimais, de toute la puissance de mon âme, une jeune fille aussi belle que pure. Sur elle reposait tout mon avenir de bonheur ; et cette jeune fille a été ravie par force et trahison à mon amour au moment où j'allais la conduire à l'autel... Voyons, me diras-tu enfin ce qu'est devenue Angèle, ma fiancée et ta victime ?

— Ma victime !... et la preuve ?

— Moi ! s'écria Jehan, l'écuyer de Georges de Vaudel ; moi qui ai vu, de mes yeux vu, vos laquais à l'œuvre, pendant une courte absence que fut obligé de faire mon noble maître pour le service de monseigneur le duc de Sully.

— Mensonge ! hurla le chevalier de Malte.

— Vérité ! riposta Georges de Vaudel ; et ce n'est pas l'œil seul de mon fidèle Jehan qui t'accuse. Cette lettre, la traiteras-tu aussi de mensonge ? Écoute, elle est d'Angèle elle-même.

— Assez ! assez ! rugit Raoul de Courtis, en tirant son épée. En garde ! A moi Angèle ; à toi la mort !

Alors commença entre le fiancé d'Angèle et son ravisseur une lutte terrible, inexorable.

Raoul a pour lui la force et l'adresse ; Georges le sang-froid, sa conscience et Dieu. La lutte est égale, la victoire incertaine. Cependant, dans la fureur qui l'aveugle, le chevalier de Malte se découvre et l'épée de Georges l'atteint au flanc droit.

— Angèle ou la mort ! s'écrie Georges en voyant chanceler Raoul.

— Oui, la mort, mais pour toi, réplique celui-ci avec un rire amer.

Et, avec une adresse infernale, il pose le pied sur un ressort, de lui bien connu et imperceptiblement caché dans la pierre.

Une des larges dalles noires du plancher s'abaisse aussitôt sans bruit, laissant à découvert et tout béant un gouffre ténébreux, au fond duquel coulent les eaux jaunâtres de la Seine, et dans lequel a déjà trouvé son froid tombeau plus d'une innocente victime.

Georges de Vaudel, qui, dans l'enivrement de son premier succès, n'a pas vu l'abîme, va y disparaître, lorsque son fidèle Jehan pousse un cri d'horreur et d'effroi.

A ce cri sauveur, Georges se rejette vivement d'un bond en arrière ; et, d'un autre bond, se porte, avec une exclamation d'écrasant mépris, sur le flanc gauche du chevalier de Malte, dans la poitrine duquel sa rapière fait une rouge et profonde trouée.

— Que Satan ait mon âme, si toutefois il en veut, murmure celui-ci en tombant ; mais ta bien-aimée Angèle ne sera pas à toi....

Et de son reste de souffle, il tire d'un sifflet d'ivoire, pendant à son côté, au bout d'une longue chaîne d'or, un son aigu, perçant comme un signal.

Puis il expire.

Ce coup de sifflet était l'arrêt de mort d'Angèle de Bapeaume, la jeune fille que nous avons vue pleurante et suppliante à ses pieds.

Lorsque Georges de Vaudel la retrouva dans la *chambre de l'oubli* de l'hôtel de Courtis, son corps virginal avait la glaciale rigidité du marbre ; son âme était remontée vers Dieu !

POST-SCRIPTUM

En terminant ma dernière chronique, le 27 décembre 1871, je disais : « Nous sommes loin de l'exercice à domicile — cette vexation d'une autre époque — et avec de notables améliorations dans le service administratif et moins de *roideur*, tout sera pour le mieux dans le meilleur des entrepôts. » Mais les temps sont changés ! L'article 38 de la loi du 28 avril 1816 a été abrogé cette année (1).

Dans une lettre adressée, le 24 février dernier, par mon collègue et ami, M. F. Jarlauld, à M. le Directeur des droits d'entrée et d'octroi de Paris, lettre qui a été publiée dans le *Moniteur vinicole*, on lit les lignes suivantes : « Aux termes de la loi du 16 février 1875, les locataires des entrepôts réels de Paris sont soumis à l'exercice, c'est la loi, nous nous inclinons ; et pourtant, que d'objections à présenter sur des mesures votées précipitamment, au milieu des plus graves préoccupations politiques ! En effet, de deux choses l'une : ou bien il fallait, avant 1870, nous construire, ou sinon nous aménager un entrepôt réel effectif ; ou bien on devait proroger l'entrepôt à domicile, si, comme le prétend M. Léon Say, la ville de Paris n'avait pas même les quelques millions nécessaires pour isoler les magasins et affecter un local spécial aux spiritueux et aux vins alcoolisés. C'était le dilemme très-sensé posé par la loi d'annexion ; mais la ville de Paris s'étant prononcée pour l'entrepôt réel, à l'exclusion du droit commun, sans exécuter les prescriptions de la loi de 1818, la porte a été ouverte à

(1) Art. 38. Lorsque les boissons auront été emmagasinées dans un entrepôt public, sous la clef de la régie, il ne sera exigé aucun droit de l'entrepositaire pour les manquants à ses charges.

la fraude. Et parce qu'il s'est rencontré, à Bercy, quelques pirates qui ont pu écumer impunément les recettes de la Ville et du Trésor, il faut que plus de 1000 entrepositaires expient la méprise de l'administration et les agissements de ceux qui l'ont trompée. C'est déplorable ! »

Oui — dirai-je avec l'honorable membre de la Chambre syndicale du commerce en gros des vins et spiritueux du département de la Seine — c'est déplorable !

La fraude doit être punie sévèrement. Que les fraudeurs soient donc atteints et les honnêtes gens applaudiront ; car, à côté du fraudeur, il y a le vendeur à *vil prix*, l'homme qui fait une concurrence déloyale au commerce. — Mais pourquoi n'avoir pas isolé, depuis longtemps, les maisons d'habitation des entrepôts et créé un entrepôt spécial pour les alcools ?

La Ville est propriétaire des trois quarts de Bercy ; qu'elle achète à l'amiable ou se fasse autoriser à exproprier les maisons ou terrains dont elle a besoin pour convertir définitivement Bercy en entrepôt réel, et les alcools étant séparés des vins, l'inventaire deviendra inutile et l'administration fera des économies, puisqu'elle n'aura pas besoin d'employer un personnel aussi nombreux.

Espérons qu'il viendra un moment où les locations des magasins seront faites à des prix moins élevés. Nous connaissons des entrepositaires qui paient 14 et 15 francs du mètre carré, tandis que d'autres ne paient que 9 et 10 francs. Il convient donc d'établir un tarif uniforme, qui ramène les locations à des prix raisonnables.

Les négociants de Bercy sont assez à plaindre, avec une organisation aussi défectueuse, pour qu'ils soient en droit d'être mieux traités à l'avenir.

Le syndicat des intérêts locaux de Bercy a adressé, il y a quelques semaines, un mémoire à M. le Préfet de la Seine, pour lui exposer les souffrances qui résultent de la situation faite aux propriétaires et commerçants habitant le quartier de Bercy.

Nous ne pouvons qu'approuver l'intervention de ce syndicat, en faisant des vœux pour qu'il obtienne gain de cause auprès de l'administration municipale, car c'est elle seule qui peut modifier un état de choses aussi préjudiciable aux intérêts locaux de Bercy.

Bercy est inondé souvent ; son commerce chôme forcément, au moins pendant une quinzaine de jours, et ce sont de pures pertes, dont la Ville ne tient pas compte à ses locataires qui subissent cependant des prix exagérés.

La question de Bercy a été traitée dans plusieurs journaux, et nous adressons ici nos sincères félicitations à M. Gustave Dumont, ancien commis principal des contributions indirectes, pour les remarquables articles qu'il a publiés dans le *Moniteur vinicole*.

M. Gustave Dumont a été candidat au Conseil municipal. Nous regrettons qu'il n'ait pas été élu : car, connaissant à fond toutes les questions qui se rattachent à notre grand commerce des vins, il eût été à même de les défendre par la parole avec cette énergie qu'il emploie à les défendre par la plume.

Heureusement que ce commerce a l'honneur de compter dans son sein M. Alfred Allain, le maire de l'arrondissement dans lequel se trouve compris le quartier de Bercy (XII⁰). De plus, l'honorable et très-dévoué Maire est vice-président de la Chambre syndicale du commerce en gros des vins et spiritueux du département de la Seine ; impossible à un commerce de cette importance d'être mieux représenté auprès de l'administration municipale : c'est d'un bon augure pour l'avenir, car je sais que M. Alfred Allain s'occupe sérieusement de tout ce qui peut être profitable aux intérêts de son arrondissement en général, et à ceux de Bercy en particulier. Il a pour adjoints des hommes dévoués, au nombre desquels nous voyons avec plaisir M. Mathieu, trésorier de la Chambre syndicale des vins ; son bon concours n'a jamais fait défaut à la place de Bercy ; et nous pourrions citer d'autres honorables négociants, M. P. Teissonnière entre autres, qui n'ont cessé de lutter contre tout ce qui pouvait porter atteinte à notre grand marché.

Le dévouement est si rare, de nos jours, que je suis heureux de le signaler, chaque fois qu'il apparaît, tout en protestant contre l'indifférence des uns et des autres.

Plusieurs Conseillers municipaux viennent fréquemment visiter Bercy; ils ne peuvent constater qu'une chose : c'est que les réclamations du commerce sont légitimes et qu'il est urgent de prendre une détermination. M. Alphand est en rapport continuel avec le Conseil municipal ; c'est lui qui s'occupe, dit-on, de la question de Bercy : espérons qu'il ne tardera pas à la résoudre à l'entière satisfaction de *Bercy entrepôt*.

31 mai 1875.

A. S.

VARIA

DES QUALITÉS DES VINS

ET DE LEURS DÉFAUTS NATURELS

En général, on reconnaît un vin pour être de bonne qualité lorsqu'il est sec, clair, limpide, sans aucun goût de terroir ou autre; lorsqu'il est d'une couleur franche, nette, assurée, sans être trop prononcée, et lorsqu'il a de la force ou du corps, une séve agréable, douce et naturelle.

Ces bonnes qualités ne dépendent pas toujours de la préparation des vins, encore qu'elle soit faite sans altération ni mélanges; elles tiennent à la nature ou à l'espèce particulière de tels ou tels vignobles, à leur situation, à leur exposition, à la nature des terrains, à la température des pays et surtout à celle de l'année dans laquelle le vin est récolté. Une vigne plantée dans des terrains marécageux ne donne pas des vins semblables à ceux que produit le vignoble d'un coteau ou d'un terrain sec et pierreux. Les premiers sont faibles, peu limpides, d'un goût désagréable qui sent son terroir. Les autres, au contraire, sont vineux, d'une bonne couleur, transparents et secs; ils sont susceptibles de se conserver longtemps, en recevant les soins convenables.

Mais il est bien d'autres différences dans les qualités des vins, qui sont produites par les terrains. Celles-ci sont connues sous le nom de terroir.

On remarque d'abord les vignobles plantés dans une mauvaise exposition ou dans des terrains froids, qui produisent, en général, des vins verts, âcres, ayant peu de force, et, conséquemment, d'une conservation sans longue durée:

On remarque ensuite que les terrains sablonneux qui

bordent les côtes de la mer, et ceux qui sont fumés par
des engrais trop chauds, tels que le sart ou le varech,
que l'on emploie dans les îles de Ré, d'Oléron et sur les
côtes de l'Aunis, communiquent aux vignobles, c'est-à-
dire aux vins qu'ils produisent, un goût désagréable et
salé. La qualité de ces vins est toujours inférieure; ils
supportent mal un transport par mer, si on ne leur fait
subir des préparations en les soufrant, ou des mélanges
de quelques litres d'esprit-de-vin. Le goût de terroir de
ces vins se communique jusqu'à l'esprit que l'on en
distille.

Voici des goûts de terroir bien différents. Plusieurs
vignobles du Dauphiné et de la Gironde, tels que ceux
du Médoc et autres, donnent à leurs vins une odeur et
un goût fort agréables. Ici c'est la saveur de la framboise,
là c'est le parfum de la violette. De même, certains vignobles des Hautes-Pyrénées et de l'Yonne communiquent à leurs vins une odeur de pierre à fusil qui
plaît à un grand nombre de consommateurs. Cependant,
si ce goût est trop fort, il cesse d'être agréable, et peut
faire impression sur les nerfs. Mais ce goût, ainsi que
ceux de la violette et de la framboise, n'influent nullement sur la qualité des vins; leur bonté, leurs vertus
restent les mêmes.

Il existe un signe certain pour distinguer les bons
vins, les vins de premiers crus, d'avec les vins ordinaires
ou médiocres; ce signe est la vapeur ou séve odorante
et parfumée que l'on reconnaît aux vins, lorsqu'on en
fait la dégustation, et qui flatte agréablement l'odorat.

— Les uns nomment ce parfum *arôme spiritueux*, et les
autres simplement *bouquet*. Quoique presque tous les
vins aient leur odeur particulière, il est rare, très-rare,
que ceux d'une qualité inférieure possèdent ce délicieux
bouquet, mais il est tout aussi rare que les vins supé-
rieurs en soient privés. Le bouquet n'existe cependant
pas dans les vins aussitôt qu'ils sont sortis de la cuve;
il ne se développe qu'après un certain temps plus ou
moins long, suivant les localités, ou la force ou la couleur

très-prononcée des vins. Malheureusement, ce bouquet se dissipe et se perd totalement par trois causes : la grande vieillesse, la distillation et les mélanges.

Ceux qui font des mélanges veulent réparer la perte du bouquet, par des préparations artificielles, qui peuvent tromper le public et même les marchands peu exercés dans leur art; ils font infuser dans les vins des fruits, des végétaux parfumés, tels que l'iris ou la violette, ou ils font des mélanges très-modérés de certains sirops odorants qui communiquent leur odeur aux vins. Les gourmets savent bien distinguer ces préparations trompeuses d'avec le bouquet naturel.

Après les goûts de terroir, qui presque tous sont des qualités ou des défauts naturels des vins, indiquons d'autres défauts de même nature.

Les uns proviennent du peu de spirituosité, dont l'absence se reconnaît au manque de couleur, principalement dans les vins rouges, attendu que la matière colorante n'est pas dissoute ou ne l'est qu'imparfaitement, ou s'est absorbée dans la lie. On reconnaît aussi le défaut des spiritueux, soit par le goût du vin qui est froid, plat, sans séve prononcée, soit par un instrument que l'on nomme pèse-vin.

D'autres défauts naturels proviennent de la surabondance des qualités ordinaires exigées dans les vins. Par exemple, la couleur trop forte ou trop foncée des rouges ; la couleur jaune qui obscurcit la clarté et la limpidité des blancs ; l'extrême spirituosité des uns et des autres, qui les rend violents, dangereux et désagréables à boire. Ces différents défauts peuvent se corriger comme nous le dirons, quand nous traiterons de la bonification des vins.

L'âpreté et la verdeur sont d'autres défauts naturels, que l'on attribue soit au défaut de maturité du raisin, soit à l'essence particulière de certaines vignes. Il est deux remèdes contre ces vices. Le premier est le temps qui peut les améliorer; le second est un mélange des vins âpres ou verts avec des vins vieux de bon goût.

Enfin, la graisse, qui est un vice particulier aux vins blancs, est attribuée à différentes causes, notamment à l'absence des particules d'air qui s'étaient interposées entre les molécules de la liqueur; nous dirons plus tard comment on peut corriger ce défaut.

DE LA DÉGUSTATION DES VINS

Nul ne peut être un gourmet universel, c'est-à-dire un dégustateur assez habile pour connaître, sans erreur, les qualités et les défauts des vins de tous les pays vignobles.

Un dégustateur n'est, en général, capable que d'apprécier les vins de son pays, parce que l'expérience lui a appris à les connaître d'une manière particulière, et qu'il n'a pas les mêmes connaissances à l'égard d'autres vignobles. En vain serait-il capable d'en juger par théorie, il ne suppléerait pas à la pratique, par laquelle seule on apprécie sûrement les qualités du vin.

D'où il suit que le commerçant qui tire du vin des principales contrées de la France, prendrait une peine inutile à parcourir lui-même ces différents pays, s'il ne se faisait assister d'un homme de l'endroit, digne de sa confiance et instruit par une pratique habituelle à choisir les vins : cette assistance, d'ailleurs, le débarrasse des préjugés que certains pays vignobles élèvent contre les autres.

Dans la dégustation des vins, il est important de reconnaître les mélanges ou les mixtions, s'il en existe, ce qui n'est pas toujours facile ; car la chimie ne peut être que d'un faible secours pour connaître ces mélanges, lorsqu'ils ne sont faits qu'avec de l'eau. On est forcé, dans ce cas, de s'en rapporter à des dégustateurs assez instruits, et l'on ne procède pas autrement, même en justice, lorsque des boissons sont saisies, soit comme contenant des mixtions simples, soit comme en renfermant de dangereuses et nuisibles pour la santé. C'est toujours sur le rapport d'experts dégustateurs que les juges ordonnent de répandre les vins falsifiés ou mélangés.

Il n'est pas facile encore de bien choisir les vins nouveaux ; leur qualité n'est ni assez prononcée, ni assez développée au sortir de la cuve ; elle ne l'est même pas entièrement pendant les premiers mois qu'ils sont en tonneau. Le vin n'est point alors ce qu'il peut, ce qu'il doit être après une année. Comment distinguer — dans le vin qui fermente encore ou qui à peine a cessé de fermenter — les maladies dont il sera atteint dans la suite et dont il renferme déjà le germe en lui-même? Les signes de ces maladies ne sont pas encore évidents, pas même pour le goût; par exemple les fleurs blanches, qui annoncent l'acidité, n'existent pas, du moins rarement, dans les deux premiers mois de la récolte. Aussi, il n'est pas rare de voir un vin qui d'abord était clair, limpide, d'un goût agréable, tourner ensuite, après quatre, cinq ou six mois, à la graisse ou au pourri, tandis que d'autres vins nouveaux s'annoncent mal dans les premiers mois, sont louches, durs et deviennent par la suite des vins délicats et spiritueux. Ici on reconnaît encore la nécessité de recourir à des dégustateurs locaux qui, par leur expérience, leurs habitudes, leurs comparaisons, peuvent décider avec quelque certitude des qualités présentes et futures des vins nouveaux.

Mais il est plus facile de reconnaître certaines préparations dans les vins, surtout dans ceux qui n'en ont que le nom et qui n'existent que par l'art, la fraude ou l'artifice ; il est impossible, quoi que l'on fasse, de leur donner le goût du raisin. Il est facile encore de reconnaître les vins frelatés par des substances étrangères qu'on y a introduites ; elles sont malheureusement nombreuses et faciles à se procurer ; il en est même de très dangereuses, telles que la litharge, qui est un poison, et la potasse, qui est malfaisante. On les emploie pour corriger les goûts d'aigre et de verdeur, goûts qui peuvent s'enlever par des substances plus saines. On reconnaît la litharge et la potasse, soit à la couleur terne ou louche, soit à un goût d'âcre ou salé qui affecte désagréablement le gosier. On reconnaît surtout la litharge en versant quelques gouttes d'hydro-sulfate dans un verre de vin présumé altéré ; ces gouttes opèrent à l'instant un précipité noir, si la litharge existe dans le vin.

Lorsque les vins ne sont mélangés qu'avec une petite quantité d'eau déposée soit dans la cuve pour fermenter avec le jus du raisin, soit dans les tonneaux avant le soutirage, ce mélange n'est pas dangereux, mais il porte atteinte à la spirituosité du vin, lui enlève une partie de sa saveur, et lui donne un goût faible. Il faut une attention particulière pour reconnaître ce mélange lorsqu'il est bien fait. Néanmoins, si la quantité d'eau était trop considérable, ou si l'opération était mal faite, il serait facile de le reconnaître en sortant du vin par la partie la plus basse du tonneau, qu'il faudrait percer en ce cas à deux pouces de la douve la plus inférieure. Dans cette partie basse l'eau se serait précipitée, parce qu'elle est plus pesante que le vin. On peut encore reconnaître le mélange d'eau par l'emploi du pèse-vin, instrument dont on se sert dans les vignobles et aussi sur place (1).

On mélange encore les vins avec du poiré, ce qui n'est point facile à reconnaître, à moins que la quantité employée de celui-ci ne soit trop forte, et alors le goût naturel du poiré domine : ce liquide est assez capiteux pour produire certaines impressions sur les nerfs. Mais rien de plus facile à connaître que les vins qui sont tournés à la graisse, ou au pourri, ou à l'aigre ; le goût et l'odorat en sont à la fois frappés désagréablement. Cependant si ces défauts ne sont pas bien développés, il faut une grande attention pour reconnaître les premiers éléments de la dégénération ou de la décomposition.

Les goûts de terroir, de vert, d'âcre et autres sont également faciles à reconnaître, d'autant plus qu'ils se prononcent dans le vin presque à l'instant de sa préparation,

(1) L'ébullioscope Malligand fournit le meilleur procédé connu jusqu'ici pour titrer l'alcool dans les vins (Rapport de M. le baron Thénard à l'Académie des sciences (séance du 3 mai 1875).

ou fort peu de jours après, car ils tiennent à sa nature ; leur essence est déjà dans le raisin.

Les vins qui ne sont ni frelatés, ni atteints de vices, soit naturels, soit accidentels, conservent un goût qui leur est propre ; c'est celui des raisins qui les ont produits.

Le goût de ces fruits n'est pas absolument le même dans les pays vignobles ; il varie suivant les plants et les terrains ; il est des raisins doux ou sucrés, tels que la blanquette, le muscat et quelques autres ; il en est qui sont à la fois doux et légèrement piquants. Mais un plus grand nombre de raisins donnent un jus un peu âcre, sans être désagréable, et ce goût, qui est le plus naturel, se fait sentir tant que le vin n'est pas usé ou dégénéré.

Tout ce que nous avons dit dans ce chapitre doit être présent à la pensée du dégustateur ou du marchand de vins, lorsqu'il fait ses choix et ses achats ; disons mieux, il doit avoir fait une étude attentive, suivie d'une pratique judicieuse et habituelle, de tous les procédés de son art, de toutes les connaissances qui s'y rattachent. Il doit même, quand il opère, être en état de bonne santé ; l'homme valétudinaire ou infirme, ou d'un tempérament bilieux, est peu propre à goûter les vins, car les douleurs et les affections qu'il éprouve influent plus ou moins sur les organes du goût et de l'odorat, qui doivent être sains pour apprécier les vins et juger leurs qualités. Il est même des aliments dont on doit s'abstenir avant de déguster les vins, parce qu'ils sont de nature, soit à les faire trouver mauvais, soit à altérer le bon goût du dégustateur. Ce sont des faits qui résultent de la nature des choses, et que plusieurs auteurs attestent.

Voici dans quels termes M. Julien s'exprime sur ce sujet :

« La qualité et l'agrément que l'on trouve dans un vin dépendent souvent des aliments qui ont précédé la dégustation. Quelle que soit la qualité de celui que l'on boit après avoir mangé des mets doux ou sucrés, de fruits et surtout des pommes, il semble toujours acide et peu agréable, à moins que ce ne soit un vin de liqueur ; tandis qu'après les mets épicés, les fromages de haut goût et surtout celui de Roquefort, que Grimod de la Reynière a fort à propos surnommé le biscuit des ivrognes, tous les vins paraissent bons ou du moins beaucoup meilleurs qu'ils ne le sont réellement. Les liqueurs spiritueuses, les vins forts et corsés, lorsqu'on les boit purs, nuisent à la sensibilité du palais ; les personnes qui en usent habituellement finissent par ne trouver aucun goût aux vins fins, délicats et savoureux, qui font les délices des véritables amateurs. »

Aussi dirai-je en terminant : On a vu plusieurs gourmets ne manger que du pain sec avant la dégustation, et même en goûtant les vins.

DU COLLAGE DES VINS

Le collage est nécessaire lorsque les vins ont été troublés ou agités, afin de les rendre à leur limpidité naturelle, qualité qui plaît à tous les consommateurs, et sans laquelle les vins les plus agréables et les plus savoureux répugnent à la fois à l'œil et au goût. Il est vrai que la limpidité peut se rétablir par le simple repos ; mais il est des époques et des circonstances où le repos n'est point parfait dans un vin qui a déjà perdu une partie de sa transparence. Les époques sont celles des équinoxes qui font travailler le vin d'une manière plus ou moins sensible. Les circonstances sont : 1° quand on voit que des parcelles de lie se mêlent au vin, au lieu de rester fixées au fond du vase ou tonneau ; 2° quand on reconnaît que le tartre ou la matière colorante est disposée à se décomposer ou à entrer en dissolution, ce que l'on remarque à l'altération de la limpidité.

Il ne faut donc pas s'en rapporter au repos du vin pour rétablir sa transparence. Il est cependant beaucoup de pays vignobles où la mesure du collage n'est pas regardée comme indispensable à la conservation des vins qui sont en tonneau ; on se contente de les soutirer et de les remplir, même après les avoir transportés à diverses distances. Mais en d'autres localités on remplit une bouteille d'eau pure et on la plonge sans la boucher dans la futaille ; l'eau se trouvant ainsi suspendue dans le vin, ne peut se dégager que lentement de la bouteille, ce qu'elle fait en s'étendant à droite et à gauche dans le tonneau, et en entraînant au fond avec elle toutes les particules de lie ou de tartre qu'elle rencontre : cette opération est d'autant plus lente qu'à chaque goutte d'eau qui descend de la bouteille, il y entre un même volume de vin parce qu'il est plus léger que l'eau ; ainsi, lorsque celle-ci est entièrement sortie de la bouteille, cette bouteille se trouve remplie de vin.

Mais ce procédé paraît insuffisant ; il doit échapper à l'action de beaucoup de corps étrangers suspendus ou agités dans le vin, tandis que le collage bien fait doit atteindre tous ces corps et les précipiter dans la lie. D'ailleurs, le collage a une propriété particulière, c'est de prévenir la fermentation du vin soutiré et de la combattre quand elle existe.

Ainsi le collage est non-seulement nécessaire pour les vins que l'on veut mettre en bouteilles, mais encore, dans beaucoup de circonstances, pour ceux que l'on conserve en tonneau.

Le collage produit deux effets principaux sur les vins en bouteille : il assure leur limpidité et les empêche de déposer, dépôt qui est souvent prompt et considérable. Lorsque le vin a été mal collé ou ne l'a pas été du tout, ce dépôt peut nuire au goût, à la saveur, à la transparence du vin. C'est une seconde espèce de lie où se trouvent tous les éléments de fermentation qui sont renfermés dans la première ; il faut la séparer du vin avant de le boire ou de l'expédier en bouteilles. Nous en parlerons plus amplement dans un article spécial : *Du tirage des vins en bouteilles.*

Pour les vins en futailles, il est nécessaire de les coller : 1° quand le soutirage a été mal fait et qu'ils ont conservé, après cette opération, une couleur terne, sombre, peu limpide ; 2° lorsqu'on s'aperçoit que les vins ont subi quelques altérations naturelles, comme lorsqu'ils sont couverts de fleurs blanches ou qu'ils sont devenus lourds ; 3° quand on les expédie par mer ou par voiture à de grandes distances, parce que les agitations du navire ou le cahotage des voitures disposent les vins à certaines fermentations : la colle prévient cet accident ; 4° si les vins, après le soutirage, n'ont pas acquis leur couleur ou leur transparence naturelles, c'est une preuve que des substances tartreuses ou autres sont restées suspendues dans le vin, et pour les précipiter dans la lie il n'est point de moyen plus sûr que le collage ; 5° enfin on doit coller les vins qui sont restés exposés à la chaleur sur les quais, sur les navires, ou placés dans des celliers ou caves trop chaudes.

Disons comment se fait le collage : on se sert de plusieurs substances comme de plusieurs procédés. A l'égard des substances, on emploie : 1° les blancs d'œuf que l'on bat avec de l'eau ou du vin jusqu'à ce qu'ils forment une espèce de colle. Cette préparation est adoptée dans un grand nombre de vignobles ; néanmoins elle est sujette à des inconvénients, car les blancs d'œuf peuvent éprouver, malgré l'action du fouet ou du bâton, dont nous allons parler, une sorte de condensation dans le vin, ou du moins y rester suspendus, ce qui se reconnaît lorsque le vin n'acquiert pas une limpidité parfaite par le collage. Dans ce cas, j'ai vu des propriétaires renouveler l'opération toujours avec des blancs d'œuf ; mais j'ai vu aussi d'habiles marchands de vins soutenir que ce second collage ne produit pas plus d'effet que le premier, et alors, au lieu de se servir de blancs d'œuf, ils collent, soit avec certaines poudres, soit avec de la colle de poisson,

Pour coller une barrique de vin de 220 à 225 litres, quatre blancs d'œuf suffisent, et pour une feuillette ou une demi-pièce, trois œufs seulement. Quand les blancs sont battus, comme je l'ai expliqué ci-dessus, on les verse dans le vin qui va subir le collage, après en avoir retiré une certaine quantité pour laisser libre l'action du fouet. Cet instrument, généralement connu et usité, est formé d'une seule branche de fer terminée à un bout en forme d'anneau pour y passer la main, et à l'autre par six ou huit trous percés à jour dans lesquels sont passés et fortement fixés en saillie autant de petits paquets de poil de sanglier. On introduit ce fouet dans le tonneau, avant d'y verser la colle, et on l'agite avec force en tout sens pendant deux minutes. Alors on le retire du tonneau et on y verse à l'instant même les blancs d'œuf ; on replonge ensuite le fouet dans le tonneau, on l'agite circulairement et avec force jusqu'à ce qu'il se manifeste de l'écume sur la surface du vin. Enfin on remplit le tonneau après en avoir retiré le fouet, on garnit le bondon d'une nouvelle enveloppe de toile ou de papier, et on le ferme hermétiquement en la frappant doucement.

Dans cet état, le vin doit être laissé en repos pendant huit jours avant de le mettre en bouteilles ; il peut même être laissé plus longtemps sans qu'il en résulte d'inconvénients ; loin de cela, le vin fera moins de dépôt dans la bouteille, parce que sa clarification aura été d'autant plus parfaite.

On se sert aussi, pour opérer le collage, d'un bâton fendu en quatre par un bout, dont chaque côté est tenu écarté de l'autre, et on en fait le même usage que du fouet en l'introduisant dans le tonneau.

DU TIRAGE DES VINS

EN BOUTEILLES

Quoique tous ceux qui s'occupent des vins connaissent parfaitement les procédés et les moyens de les tirer en bouteilles, nous croyons nécessaire de tracer sommairement ces procédés pour les personnes qui sont placées en dehors du commerce des liquides.

Tout d'abord il faut choisir des bouteilles solides, d'un bon goût, et mettre au rebut celles qui sont étoilées ou d'un verre mince, ou imprégnées d'huile. On rince ensuite celles qui sont choisies avec de l'eau claire et une petite quantité de plomb en grains que l'on promène, en l'agitant avec un peu de force dans toutes les parties de la bouteille, pour en enlever la lie ou le tartre, ou la poussière qui ont pu s'attacher aux parois intérieures.

On fait sortir le plomb avec cette première eau, et on rince les bouteilles une autre fois, même deux, s'il est nécessaire, avec une seconde eau claire. Ces bouteilles doivent être placées et renversées, à mesure qu'on les rince, sur des planches percées à cet effet, afin qu'elles puissent bien s'égoutter pendant un jour ; mais il ne faut pas les y laisser plus longtemps, parce qu'elles pourraient contracter un goût de moisi.

Les vins nouveaux, ceux qui ont trop d'âcreté ou trop de verdeur, ou des goûts de terroir, ne doivent pas être mis en bouteilles : ce serait de la peine perdue, car la bouteille ne les bonifierait pas. Il convient donc de choisir un bon vin, limpide, ayant acquis toute sa maturité par un séjour d'une année ou deux dans le tonneau, où il aura été bien soutiré avant chaque équinoxe, dans les mois de mars et septembre, et ensuite collé avec soin, comme nous l'avons indiqué dans un article précédent.

Tous les vins n'acquièrent pas leur maturité dans les tonneaux pendant un même espace de temps. Les vins blancs sont plus tôt mûrs que les rouges; il en est qui ne sont bons à être mis en bouteilles qu'après deux ou trois ans, tandis que d'autres sont dans les cas d'y être tirés après un an. On reconnaît la maturité, soit au bouquet, soit au goût, lorsqu'on ne trouve plus d'âpreté ou du moins fort peu. Si, par l'effet du collage, le vin n'était pas d'une limpidité parfaite, il faudrait en faire un second avant de le mettre en bouteilles. Il est des vins qui ont une limpidité apparente et qui sont néanmoins chargés de particules de lie peu visibles. Pour les reconnaître, on remplit une petite carafe d'un verre clair et mince, du vin que l'on veut tirer en bouteilles, et on l'examine attentivement au grand jour, en se plaçant de chaque côté de la carafe, tour à tour. On peut faire aussi cet examen, — quand on n'a pas un beau jour, — en plaçant une lumière d'un côté de la carafe et en se mettant du côté opposé. Alors, si l'on découvre que le vin est chargé de quelques matières qui surnagent, il convient de le coller une seconde fois et de le laisser reposer huit à dix jours avant la mise en bouteilles.

Pour faire cette opération, dans tous les cas et pour tous les vins, il est indispensable de choisir de beaux jours, pendant les pleines lunes et quand les vents sont au Nord ou à l'Est; mais il ne faut jamais tirer le vin en bouteilles pendant le temps des équinoxes, de la pousse de la vigne, de sa floraison, ou pendant les grandes chaleurs, les orages, les pluies, parce que durant tous ces différents temps le vin est toujours plus ou moins agité, ce qui l'empêche d'avoir une limpidité parfaite.

Quand le vin est tiré en bouteilles, il faut boucher celles-ci solidement avec des bouchons neufs de bonne qualité, laquelle se reconnaît à la douceur du liége, qui doit être peu poreux. Si l'on se sert de vieux bouchons, surtout de ceux que l'on a rajeunis en les blanchissant, on s'expose à perdre du vin, ou à lui communiquer un goût de moisi que de tels bouchons peuvent contracter. Ces bouchons rajeunis se reconnaissent à leur dureté et à la couleur presque noire de leurs pores.

Il est des tonneliers qui mettent tremper les bouchons dans du vin pendant vingt-quatre heures avant de les employer, mais d'autres prétendent avec raison, selon nous, que ce procédé est vicieux, parce que le bouchon peut prendre un goût d'aigre et le communiquer au vin. Il suffit donc de plonger les bouchons dans un peu de vin au moment même où l'on veut les introduire dans le col de la bouteille, avec lequel il faut d'abord les ajuster, puis, en terminant l'opération, avoir la précaution de laisser un espace entre le vin et le bouchon, car si le premier touchait l'autre, il n'y aurait que peu ou point d'air intérieur et la bouteille ne tarderait pas à éclater.

Pour éviter l'altération des bouchons, afin qu'ils ne communiquent pas un mauvais goût aux vins, des expériences ont été faites il y a plusieurs années, et elles ont produit d'assez bons résultats.

Voici comment on procédait alors :

Les bouchons étaient introduits dans un bain de suif épuré, pour leur donner de la souplesse ; puis on les retirait du suif, pour les dégraisser dans une lessive de sous-carbonate de potasse. Une fois cette opération terminée, on repassait les bouchons dans quatre eaux propres et chaudes, et ils se trouvaient épurés et bons à être employés. Pourquoi ne reviendrait-on pas à ce genre d'opération ? Mais il n'est point inutile de parler des dépôts des vins en bouteilles. Il est rare, quelques soins, choix et précautions que l'on ait pris, que des dépôts ne s'opèrent pas dans les bouteilles ; les vins rouges y sont les plus sujets ; mais dans ceux-ci comme dans les blancs, les dépôts dépendent de la qualité des vignobles ou de la température qui a précédé la récolte.

Les dépôts ne nuisent pas ordinairement aux vins en bouteilles, ni à leur goût ou qualité, ni à leur transparence, à moins qu'on ne les agite ou qu'on ne les déplace. Aussi presque tous les marchands ou consommateurs ne s'occupent point d'enlever les dépôts du vin, tant que les bouteilles ne sont pas déplacées ; mais s'ils veulent les expédier après les avoir vendues ou s'ils les destinent à une consommation immédiate, il est indispensable de les transvaser. Cela se fait d'une manière fort simple, en débouchant la bouteille doucement, en versant avec précaution et lenteur, dans une autre bouteille bien rincée, le vin qui a déposé et en cessant de le verser à l'instant même que le dépôt ou même de petites parties de ce dépôt sont entraînées par le vin. Mais cette opération, comme chacun peut s'en assurer soi-même, occasionne une perte considérable, parce que, dès que la bouteille est vidée à peu près aux deux tiers, le dépôt est troublé par l'air et par le mouvement du vin, et il se mêle avec lui si l'on ne cesse pas de le transvaser. Plusieurs moyens ont été imaginés pour remédier à cette perte.

En Angleterre, en Espagne et dans certains pays vignobles de France, on s'est servi de petits entonnoirs garnis de crêpes ou de gaze, dans lesquels on versait la partie du vin où le dépôt est mêlé, mais on a reconnu que ces entonnoirs ne retenaient que la partie la plus épaisse et la plus bourbeuse du dépôt. Ailleurs, on a employé de petits instruments en verre ou en fer-blanc, mais ils n'ont pas répondu à ce qu'on en attendait. Enfin, un habile praticien a inventé une canelle aérifère, dont on peut voir la description et les moyens de s'en servir dans le *Manuel du Sommelier*, chapitre 23 de l'*Encyclopédie Roret*. Cette canelle est simple ou double ; cette dernière est, dit-on, plus parfaite que l'autre, et j'en conseille l'usage.

Généralement, après la mise en bouteilles des vins fins, on enduit les bouteilles de goudron ; mais les capsules sont infiniment préférables. Aussi, nos grands restaurateurs de Paris s'en servent-ils depuis quelque temps, à leur entière satisfaction.

ADMINISTRATION MUNICIPALE

DE L'ANCIENNE COMMUNE DE BERCY

Depuis 1789 jusqu'à 1860.

DATES	MAIRES	1ers ADJOINTS	2es ADJOINTS
1789 14 novembre	RENAT, Edme.	MAINGUET.	»
1800 an VIII, 21 flor.	DUFLOCQ, Nicolas–Henry.	ROYÉ.	»
1803 an II, 6 frim.	»	GILLET, Louis.	»
1807 28 décembre	»	MAINGUET, Jean.	»
1811 29 juin	»	TRICOT, Claude-Nicolas–Antoine.	»
1814 7 janvier	DE CHABONS.	»	»
1815 20 décembre	GALLOIS, Louis.	»	»
1817 14 avril	»	LARGUEZE, Bernard-Etienne.	»
1821 21 août	Cte NICOLAÏ, Aymard–Chrétien.	»	»
1821 4 octobre	»	TRICOT, Claude-Nicolas–Antoine.	»
1830 17 septembre	RENET, François-Marie.	PORTIER, Louis-Marie-Philibert.	SOULAGES, Camille-Zacharie.
1832 14 janvier	PORTIER, Louis-Marie-Philibert.	SOULAGES, Camille-Zacharie.	DUCHAUSSOY, Jean-Jules.
1832 28 août	LIBERT, Pierre-François-Marie.	DUCHAUSSOY, Jean-Jules.	LARROZE, Pierre.
1835 24 février	»	»	FAVRICHON, Claude.
1837 22 août	»	»	PARIS, Charles-Henry.
1848 juillet	»	HUGOT, Claude-François.	ROSEY, Antoine-Isaac.
1849 9 novembre	»	»	LIGERON, François-Denis.
1852 18 août	»	»	DUPÉRIÉ-PELLOU, Philippe-Louis
1856 10 mai	»	»	LAVEUR, Antoine.
1857 12 juin	AQUART, André.	»	»
1859 6 janvier	»	»	»

DERNIER CONSEIL MUNICIPAL

DE

BERCY

—

1	AQUART (André),	maire.
2	HUGOT (Claude-François),	1er adjoint.
3	LAVEUR (Antoine),	2e adjoint.
4	AMOUROUX (Antoine-Joseph),	propriétaire.
5	CHAMONARD (François),	négociant.
6	CHRÉTIEN (Jean-Baptiste),	propriétaire.
7	COURVOISIER (Félix),	négociant.
8	FORTIER-BEAULIEU (P.-L.-A.),	propriétaire.
9	HERVÉ (Charles-Almire).	fab. de prod. chim.
10	LEVASSEUR (Simon-Pierre),	propriétaire.
11	LECOUFFE (Émile),	entrep. de menuis.
12	LEFEBVRE (Jean-Marie),	propriétaire.
13	LEGRAND (Pierre),	distillateur.
14	MARAIS (Céleste-Louis),	négociant.
15	MARÉCHAL (Félix),	fab. de toiles cirées.
16	MOUSSY (François),	grainetier, propr.
17	PAQUIER (Claude-Antoine),	négociant.
18	PAYMAL (Joseph-Martin),	march. de bois.
19	PINARD (Denis),	propriétaire.
20	POLBAULT (Antoine),	propriétaire.
21	PONTILLON (Félix-Antoine),	propriétaire.
22	PROUST (Louis-Jules-Désiré),	négociant.
23	QUARRÉ (Victor),	boucher, propr.
24	RIZAUCOURT (Jean-Isidore),	négociant.
25	ROBINEAU (Félix),	march. de bois.
26	TEISSONNIÈRE (Paul),	négociant.
27	VERRIER (Philippe),	restaurateur.

NOMENCLATURE DES RUES

ET

VOIES PUBLIQUES

———

Il existait dans l'ancienne commune de Bercy :

> 29 rues.
> 6 chemins.
> 4 boulevards.
> 2 places publiques.
> 1 avenue.
> 2 ruelles.
> 2 ponts.

Ensemble 46 voies publiques.

Voir le tableau d'autre part.

NOMENCLATURE ALPHABÉTIQUE

DES RUES ET VOIES PUBLIQUES DE L'ANCIENNE COMMUNE DE BERCY

Avec indication de leurs tenants et aboutissants.

TITRE	NOMS	CLASSIFICATION	COMMENCE	FINIT
Rue	Bercy (de)	1re classe	barrière de Bercy	rue Grange-aux-Merciers.
Port	Bercy (de)	1re classe	barrière de la Rapée	Id.
Boulevard	Bercy (de)	2e classe	barrière de Bercy	barrière de Charenton.
Rue	Bordeaux (de)	2e classe	port de Bercy	rue de Bercy.
Rue	Bourgogne (de)	2e classe	Id.	Id.
Rue	Brèche-aux-Loups (de la)	3e classe	rue de Charenton	rue de la Lancette.
Ruelle	Brèche-aux-Loups (de la)	3e classe	rue de la Lancette	chemin de Reuilly.
Ruelle	Chandelles (des Trois-)	3e classe	boulevard de Charenton	ruelle Brèche-aux-Loups.
Rue	Charenton (de)	1re classe	barrière de Charenton	aux fortifications.
Boulevard	Charenton (de)	3e classe	Id.	barrière Reuilly.
Avenue	Château (du Petit-)	2e classe	rue de Bercy	au petit château.
Rue	Chemin-Vert (du)	3e classe	rue de Charenton	chemin des Meuniers.
Chemin	Cimetière (du)	3e classe	Id.	chemin de Reuilly.
Rue	Commerce (du)	2e classe	rue de Bercy	rue de Charenton.
Rue	Croix (de la)	3e classe	chemin des Meuniers	chemin de la Croix-Rouge.
Chemin	Croix-Rouge (de la)	3e classe	barrière Piépus	à la route stratégique, *et au-delà des fortificat.* à la rue des Noyers.

Place	Eglise (de l')	1re classe	rue du Commerce	rue de Bercy.
Rue	Fleury (de)	3e classe	boulevard Reuilly	rue Raoul.
Rue	Fonds-Verts (des)	3e classe	rue du Commerce	rue de Charenton.
Rùe	Gallois	1re classe	port de Bercy	rue de Bercy.
Rue	Gare (de la)	1re classe	rue de Bercy	rue de la Gare.
Place	Gare (Neuve de la)	1re classe	Id.	boulevard de Bercy.
Rue	Grange-aux-Merciers	1re classe	port de Bercy	rue de Charenton
Rue	Jardiniers (des)	3e classe	rue de Charenton	chemin des Meuniers.
Rue	Lancette (de la)	3e classe	Id.	rue Brèche-aux-Loups.
Rue	Laroche	2e classe	rue Gallois	avenue du Petit-Château.
Rue	Léopold	2e classe	rue de Bercy	entrepôt Gallois.
Rue	Libert	3e classe	rue du Commerce	b ulevard de Bercy.
Rue	Mâcon (de)	2e classe	port de Bercy	rue de Bercy.
Rue	Marais-de-Reuilly (des)	3e classe	boulevard de Reuilly	boulev. de Saint-Mandé.
Chemin	Meuniers (des)	3e classe	ruelle Brèche-aux-Loups	route stratégique.
Chemin	Id.	3e classe	rue de Charenton	avenue des Noyers.
Rue	Orléans (d')	2e classe	port de Bercy	rue de Bercy.
Rue	Planchette (de la)	3e classe	rue Libert	boulevard de Bercy.
Rue	Raoul.	3e classe	chemin de Reuilly	chemin des Marais.
Rue	Rapée (de la)	1re classe	barrière de la Rapée	barrière de Bercy.
Boulevard	Reuilly (de)	2e classe	barrière de Reuilly	territoire de Charenton.
Chemin	Reuilly	3e classe	Id.	barrière Picpus.
Boulevard	Anne (Sainte-)	2e classe	rue Gallois	avenue du Petit-Château.
Rue	Louis (Saint-)	2e classe	Id.	Id.
Rue	Soulages	2e classe	port de Bercy	rue de Bercy.
Rue	Tourneux (des)	3e classe	chemin de Reuilly	chemin des Marais.
Rue	Yonne (de l')	2e classe	port de Bercy	rue de Bercy.
Rue	Vallée de Fécamp (de la)	3e classe	rue de la Lancette	rue de la Croix.

TABLEAU

DE LA PRODUCTION DES VINS EN 1874

Je suis parvenu à me procurer le tableau, par département, de la production des vins en 1874, tableau qui présente toutes les garanties d'un document officiel. Les lecteurs apprécieront l'importance de ce travail.

Voici le nombre d'hectolitres produit par chaque département :

Ain	545.991	Indre	157.967
Aisne	49.844	Indre-et-Loire	965.505
Allier	164.645	Isère	747.021
Alpes (Basses-)	94.905	Jura	564.702
Alpes (Hautes-)	86.304	Landes	589.941
Alpes-Maritimes	53.177	Loir-et-Cher	516.424
Ardèche	278.525	Loire	223.563
Ardennes	7.127	Loire (Haute-)	51.401
Ariége	136.680	Loire-Inférieure	1.914.427
Aube	262.800	Loiret	122.151
Aude	3.322.244	Lot	453.236
Aveyron	508.086	Lot-et-Garonne	1.519.100
B.-du-Rhône	346.225	Lozère	10.720
Cantal	10.059	Maine-et-Loire	609.393
Charente	4.520.946	Marne	371.752
Charente-Infér	7.277.156	Marne (Haute-)	100.000
Cher	157.987	Mayenne	1.342
Corrèze	277.045	M.-et-Moselle	337.267
Côte-d'Or	486.838	Meuse	255.939
Creuse	40	Morbihan	38.512
Dordogne	1.581.529	Nièvre	78.049
Doubs	86.563	Oise	6.260
Drôme	214.585	Puy-de-Dôme	593.824
Eure	15.103	Pyrénées (B.-)	229.166
Eure-et-Loir	8.959	Pyrénées (H.-)	219.639
Gard	1.739.507	Pyrénées-Or	1.400.189
Haute-Garonne	784.328	Rhône	1.003.783
Gers	2.014.350	Saône (Haute-)	67.752
Gironde	5.123.643	Saône-et-Loire	892.365
Hérault	13.071.342	Sarthe	150.559
Ille-et-Vilaine	750	Savoie	264.504

Savoie (Haute-).	123.639	Var.	1.324.251
Seine	28.416	Vaucluse	101.021
Seine-et-Marne..	75.450	Vendée	724.066
Seine-et-Oise...	222 272	Vienne	797.068
Sèvres (Deux-)..	313.668	Vienne (Haute-).	42.584
Tarn.	.742.449	Vosges.	69.370
Tarn-et-Garonne	484.931	Yonne.	413.166

L'ensemble de la récolte a atteint 63,146,067 hectolitres, tandis qu'il n'avait été, pour l'année 1873, que de 35,715,629 hectolitres.

TABLE DES MATIÈRES

VARIA

FIN.

Paris-Vaugirard. — Typ. N. Blanpain, rue Jeanne, 7.